Alfons Schweiggert

Königlich Bayerisches

Kopfkissenbuch

Aufgeweckte Geschichten zum Schmunzeln und Lachen

SüdOst Verlag

Bibliografische Information der Deutschen Nationalbibliothek

Die Deutsche Nationalbibliothek verzeichnet diese Publikation in der Deutschen Nationalbibliografie; detaillierte bibliografische Daten sind im Internet über http://dnb.dnb.de abrufbar.
ISBN 978-3-95587-756-9

Bilder:

Innenteil:

Freepik.com, starline/Freepik.com, Ropixel/Freepik

1. Auflage 2020
ISBN 978-3-95587-756-9

www.battenberg-gietl.de

Inhalt

„Wie man sich bettet, so liegt man“

Prolog

Was macht dieses „Königlich-bayerische Kopfkissenbuch“ eigentlich so wertvoll?

Dieses Buch strahlt Gemütlichkeit, Ruhe und Erholung aus. Schon der Begriff „Kopfkissen“ ist aufs Engste mit dem Menschen verbunden. „Wie man sich bettet, so liegt man“, lautet ein alter Spruch. Zu einem kuscheligen Schlafplatz gehört heute neben einer angenehmen Matratze und einem weichen Federbett auch immer ein passendes Kopfkissen.

Bekanntlich begleitet das Kopfkissen den Menschen von der Wiege bis zur Bahre. Mit welchem Gegenstand sind wir nicht nur nachts, sondern oft genug auch tagsüber so eng verbunden wie mit einem Kopfkissen. Kaum auf der Welt kuscheln wir uns in Kopfkissen und selbst nach dem Ende unserer Tage wollen wir das Kopfkissen nicht missen.

Joachim Ringelnatz nannte sein Bett und sein Kopfkissen „Mein Riechtwieich“ und widmete ihm sogar ein Gedicht, das mit den Zeilen beginnt:

Gutes Bettchen du!
Ich gehe jetzt in dich. Gute Nacht!
Wünsche angenehme Ruh. –
Und auf einmal ist's wieder früh,
Bin ich wieder aufgewacht,
Habe dich naß gemacht –
Herzeleid – Pupo – Pipü

Bett, ich fall in dich, du mein Bett.
Ich will nichts mehr wissen.
Sticke mich tot mit Daunenkissen.

Ich pfeife auf Schweinskotelett
Und Schutzmann und Feuer im Haus;
Mir ist alles egal.
Eigentlich müßte ich noch einmal –
Aber ich zwing's heute nicht.
Bitte – lie Bett – puste Licht –

Und am Morgen nach einer gut durchgeschlafenen Nacht rief dieser Dichter:

Ich bin so knallvergnügt erwacht.
Ich klatsche meine Hüften.
Das Wasser lockt, die Seife lacht.
Es dürstet mich nach Lüften.
Aus meiner tiefsten Seele zieht
Mit Nasenflügel beben
Ein ungeheurer Appetit
Nach Frühstück und nach Leben.

Aber dieses Buch heißt nicht nur „Kopfkissenbuch", sondern trägt den Beinamen „Königlich-Bayerisches", der ebenso Ruhe, Gemütlichkeit und Entspannung ausstrahlt. Der Märchenkönig Ludwig II. ist auch heute noch für jeden glühenden Monarchisten unter dem weißblauen Himmel der Garant für Heimatliebe und Weltoffenheit. „Das Bayerische ist eine Denkweise. Ein guter Bayer kann auch aus Afrika sein", das sagte der bayerische Schriftsteller Georg Lohmeier, der das Bild eines behaglichen Bayernlandes schuf und mit seiner Fernsehserie „Königlich Bayerisches Amtsgericht", in der er auf ewig die gar nicht so heile bayerische Prinzregentenzeit zur goldenen Ära von Liberalität, Behaglich- und Gemütlichkeit uminterpretiert hatte, nicht nur die Bayern begeisterte. Er weckte in ihnen die nie erloschene Sehnsucht nach der „guten alten Zeit" fortwährend aufs Neue, die bis heute irgendwie das Bayernland immer noch prägt. „Wir brauchen keinen König“, seufzte Lohmeier, „aber schöner wär’s halt.“ Lohmeiers Prophezeiungen sind längst eingetroffen, so etwa Bayerns Degradierung zum Berliner Kleinsatelliten, die Dominanz der amerikanischen Kommerzwelt auch im Freistaat, die Verschandelung der bayerischen Landschaft und die Exzesse des Großkapitals.

„Bayern ist vielleicht das einzige deutsche Land, dem es durch materielle Bedeutung, durch die bestimmt ausgeprägte Stammeseigentümlichkeit und die Begabung seiner Herrscher gelungen ist, ein wirkliches und in sich selbst befriedigtes Nationalgefühl auszubilden.“ Recht hatte schon Otto von Bismarck mit dieser klugen Bemerkung. Und besonders bedeutungsvoll ist, dass dieser Ausspruch über die Bayern von einem Preußen stammt.

Wer von Bayern redet, meint meist das „bayerische Fünfeck“ zwischen Alpen, Lech, Donau und Inn, dort wo man altbairisch fühlt, denkt und spricht, und das exakt in dieser Reihenfolge.

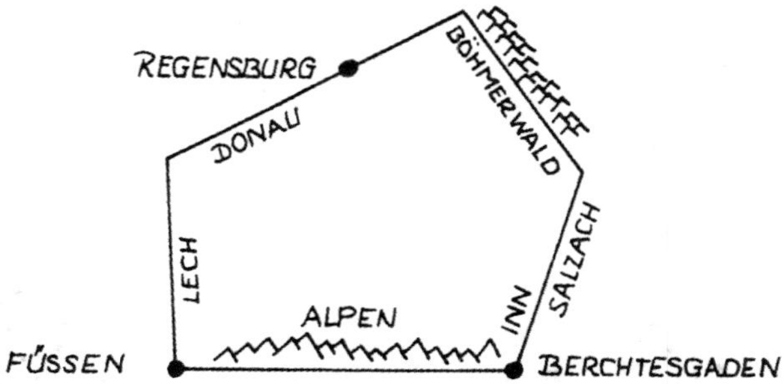

Aber Bayern ist nicht nur ein geografischer Begriff, Bayern ist vor allem ein Zustand. Und das verschnörkelte Weltbild der Altbayern scheint sich ebenfalls in den Grenzen eines Fünfecks zu bewegen, alsda sind: barockes Lebensgefühl, schlitzohrige Freud’ an der Gaudi, ein immer bereiter, wacher „Grant“, die von Herzen kommende kraftbayerische Ausdrucksweise und das gestand’ne „Mia san mia“-

Gefühl, das sich gerne von den „Andersgläubigen“ saftige Extrawürste braten lässt.

Diese Grenzlinien stellen auch die Pole des bayerischen Humors dar, den Vitalität, Weltfröhlichkeit, Aufsässigkeit, Freimut gepaart mit Selbstsicherheit und hintergründiger Spaß am Chaos kennzeichnen. Seine Bestandteile sind neben dem „Frotzeln und Derblecken“, das heißt dem Sich-lustig-Machen, vor allem das „Grantln“, worunter man ein philosophisch getöntes Nörgeln versteht. Getragen werden die oft recht handgreiflichen Bayernspäße einerseits vom Hang zur Tradition, andererseits aber vom aufmüpfigen „sich Aufmanndln“ gegen alles Autoritäre wie Schule, Kirche, Justiz und staatliche Obrigkeit. Dabei entstehen auch sie aus dem schmerzhaften Wissen um das Unzulängliche und Vergängliche des Daseins. So gesehen ist ihnen immer eine gewisse Zeitlosigkeit zu eigen, sodass heitere Geschichten aus früherer Zeit eine ganz ähnliche Grundstimmung aufweisen wie die in der Gegenwart angesiedelten.

Der bayerische Humor ist zwar grob, kennt aber ebenso wie der bayerische Charakter viele Schattierungen. So enthält er zum einen aggressive Direktheit, das sadistische Vergnügen am Herabmindern und protzendes Naturburschentum, zum anderen aber auch durchtriebene Schläue, scheinheilige Frömmelei, ja sogar ergreifend schlichte Einfaltspinselei. Insofern wird in den heiteren Erzählungen der weiß-blauen Freistaatler, die eine schöpferische Heiterkeit verraten, ihr Innenleben und ihre Geisteshaltung recht anschaulich offengelegt, weshalb diese Kürzestgeschichten besonders auch bei den Preußen sehr beliebt sind, wobei betont werden muss, dass „Preiß“ für den Einheimischen grundsätzlich jeder Deutsche ist, der außerhalb Bayerns lebt. Denn der Bayer ist felsenfest überzeugt: „Wen der Herrgott liebt, den lässt er nur in Bayern leben.“

Die heiteren Geschichten und Gedichte in diesem Königlich-bayerischen Kopfkissenbuch“ wurden unter dem Gesichtspunkt ausgewählt, inwieweit sie das komplizierte bayerische Wesen kennzeichnen, das damit für die Bewohner jenseits des Weißwurstäquators durchschaubarer wird. Oder „abgehobener“ formuliert: Wer dieses Buch aufmerksam studiert, hat gut lachen, denn er dringt auf diese Weise ein Stück tiefer in die Mentalität der Bajuwaren ein.

Unter anderem stammen die Geschichten und Gedichte von Ludwig Thoma und Karl Valentin, von Erich Mühsam und Fred Endrikat, von Klabund und Otto Reutter, von Christian Morgenstern, Hanns von Gumppenberg, Otto Julius Bierbaum, Eduard Mörike und vielen anderen. Geschichten und Gedichte ohne Namensnennung steuerte Alfons Schweiggert bei, der allen Lesern dieser Geschichten entspannende Unterhaltung wünscht.

Lob des Kopfkissens

Dein Kopfkissen
kennt alle deine Träume,
die sonst niemand kennt,
vielleicht nicht einmal du.
Dein Kopfkissen
schaut dir beim Träumen zu.

Vor deinen Alpträumen
bekommt es einen Schreck
und duckt sich
unter deinem Kopf schnell weg.
Doch träumt's in dir
verrückte Sachen,
hörst du dein Kissen manchmal lachen.

Nie sollst du deinen Kopf
nur einfach so aufs Kissen legen,
ohne mit Respekt
ihm dabei zu begegnen.
Versuch dich in dein Kissen
auch hineinzudenken
und vergiss nie,
ihm so alle zwei, drei Tage
auch ein Blümchen
mal zu schenken.

Schon die Urzeitmenschen hatten in ihren Höhlen bekanntlich Liegemulden mit weichen Materialien als Schlafplätze, wobei Tierfelle als Zudecken dienten. Als Stütze für den Kopf mussten sie sich aber leider noch mit einem harten Holzklotz oder einem Steinbrocken begnügen. Die Ägypter nutzten dann schon einen metallischen Aufsatz mit einem Rundbogen aus Holz oder Elfenbein als Kopfstütze und Kopfkissen. Auf diesen Bogen legten sie den Kopf zur Nachtruhe, was aus heutiger Sicht aber ebenfalls weder gesund noch komfortabel war. Die Griechen und Römer entwickelten das ägyptische Kopfkissen weiter, indem sie Tierfelle und Leder als Kissen verwendeten. Aber auch Leinensäckchen füllten sie mit Schilf, Heu oder Federn.

In China und Japan waren lange Zeit Kissen aus Porzellan, Edelsteinen oder Holz üblich, während sich in Afrika einige Stämme Holzkonstruktionen zusammenzimmerten, um den Kopf nachts darauf ablegen zu können. So wollten sie das Eindringen von Insekten in Ohren und Nase verhindern. Aus dem nördlichen Südamerika weiß man, dass einige Indianerstämme beim Schlafen ihren Kopf sogar auf Totenschädel ihrer Ahnen legten.

Im Mittelalter ähnelten die Kopfkissen wieder denen der Antike. Üblich waren mit Stroh, Laub, Pflanzenfasern oder Tierhaaren gefüllte Säcke. Allerdings waren in den reichen Städten Südeuropas auch prunkvolle Kissen mit Seidenbezügen und Himmelbetten gebräuchlich.

Im 13. Jahrhundert gab es bei den Kissen dann eine interessante Entwicklung. In schön genähte oder bestickte Kissen wurden nun Daunen und Federn gefüllt und die industrielle Revolution machte Federkissen nun auch für die Arbeiter erschwinglich.

Heute erinnert die Auswahl an Kissen und Kissenfüllungen an die komplette Entwicklungsgeschichte des Kopfkissens. Es gibt Kissen mit Daunen und Federn, Kamelhaaren und Schurwolle, aber auch mit Dinkel und andere Pflanzenstoffen gefüllt und sogar Kopfkissen aus Polyester, Kaltschaum, Latex, Gel. Doch mehr als auf Füllungen oder Aussehen legt man heute Wert auf die ergonomische Lage des Kopfes und Nackens auf dem Kopfkissen.

Ganz gleich, welches Kopfkissen Sie benutzen, die Lektüre des Kopfkissenbuchs macht auf einem jeden Freude.

Die Bayern – denkkompliziert und auskunftsscheu

Wie Sie, meine sehr verehrten Damen und Herren, wissen, verliert bei uns in Bayern immer mehr die bayerische Mundart an Bedeutung. Als vor einiger Zeit ein Münchner Busfahrer einen weiblichen Fahrgast freundlich geduzt hat, wurde er kurzerhand entlassen. Begründung: Er habe sich daneben benommen und außerdem, so die Äußerung einer Mitarbeiterin der Stadtwerke der Landeshauptstadt München: „Bairisch ist nicht mehr gesellschaftsfähig." Ja, was denn? Soweit samma also schon.

Das alles kommt aber nur daher, dass immer weniger die bayerische Sprach verstehen, und auch daher, dass das Bayerische für Nichtbayern aufgrund der gedanklichen Windungen als umständlich empfunden wird, obwohl der Bayer bekanntlich doch mit dem, was er spricht, recht sparsam umzugehen versteht. Kurzum, ein echter Bayer redt nicht viel und was er redt, braucht ein anderer nicht unbedingt zu verstehen. Es reicht ihm, wenn er es versteht.

Das will ich Ihnen nun anhand einiger Beispiele verdeutlichen.

Wie die Presse unseren legendären bayerischen Ministerpräsidenten Horst Seehofer beim Amtsantritt gefragt hat, was er denn eigentlich anders machen möchte und ob er nicht Vieles doch besser machen müsste, was eigentlich schon lange anders und besser gemacht hätte werden müssen, weil es doch höchste Zeit sei, dass es jetzt anders und besser gemacht werden muss, da hat er dem Sinn nach geantwortet.

Ja, ja mögn und müssen! Wissen S', was!
I mog net, wenn i muaß
und i ko net, wenn i soi
aber,

wenn i derf, wann i wui,
dann mag i aa, wenn i muaß,
und na konn i aa, wann i soi,
weil wenn i könna soi,
muaß i aa woin derfa,
und woin taat i scho mögn
wann i mi traun daad,
und traun tuari mi,
wenn i derf, wann i wui,
aber nia net, wenn i muaß,
weil i da no nia net mögn hab.

Da war die Presse baff und konnte darauf nichts mehr sagen. Die Hälfte hat das Bayerische ja auch gar nicht verstanden.

Als Edmund Stoiber noch Ministerpräsident war, erlangte er für seine feinsinnigen Sprachspielereien auch große Berühmtheit. So äußerte er einmal in einem Interview allen Ernstes:

„Also, meine Damen und Herren, ich stehe zu dem, was ich gestern gesagt habe, obwohl ich nicht mehr weiß, was es war, aber ich weiß genau, was ich denke. Und ich denke, genau das habe ich gesagt, was Sie sagen, dass ich gesagt habe, weil ich heut noch so denke."

Doch bereits einen Tag später meinte er dann:

„Alles was ich sage und nicht hätte sagen sollen, habe ich nicht gesagt, auch wenn manche sagen, sie hätten es mich sagen hören. Aber was ich nicht sagen wollte, können sie gar nicht gehört haben wollen. Sonst müsste ich es ja gesagt haben."

Manche haben dem Stoiber mangelnde Logik vorgeworfen, aber die Bayern denken halt ein bissl anders, wie z.B. auch folgende Rechnung zeigt, die einmal an der Tafel der Münchner Universität gestanden hat:

Vier Reiche haben acht Arme.
Acht Arme haben 16 Beine.

Also haben Arme mehr Beine
als Reiche Arme.

So was muss ein zugereister Student erst einmal geistig verdauen. Oder folgender Beweis, der einmal an der Türe eines Käsegeschäftes in Landshut zu lesen war:

Je mehr Kaas, desto mehr Löcher.
Je mehr Löcher, desto weniger Kaas.
Daraus folgt:
Je mehr Kaas, desto weniger Kaas.
Solche schlüssigen Beweise gibt es nur in Bayern.

Aber nicht nur der Stoiber, Universitäten und Kaasladln, auch Stoibers halber Nachfolger, der Erwin Huber, beherrschte diese Gedankengänge. Als sie ihn nach dem Landesbank-Debakel gefragt haben, was er über die ganze Sache so denkt, meinte er dem Sinn nach:

Sie wissen, I sag immer, was i denk.
Aber woher soi i wissn, was i denk,
bevor i gehört hab, was ich sag.
Drum sag i, was i denk,
damit i hör, was i woaß.
Doch wenn i bloß woaß, was i hör,
denk i, dass i des, was i sag,
wissn soitat, obwoi i's doch nur ghört hab,
ohne z' wissn, ob i mas so denkt hab,
wia i's gwusst hab, bevor i's gsagt hob.

Ja, so sind sie, die Bayern und der Rest der Republik kapiert das einfach nicht. Die Bayern sind denkkompliziert und zugleich auskunftsscheu.

Sie reden nur, was wichtig ist, und wichtig ist nicht viel, und das wenige ist auch nur wichtig für einen selbst, aber nicht für die anderen, die das gar nix angeht. Dazu ein paar Beispiele:
Das geht schon bei der Hochzeit los. Die Hochzeit auf Bayerisch hat folgenden Verlauf.

In der Kirche heißt es kurz: Ja
Beim Hochzeitsmahl: An Guatn!
Beim Umtrunk: Prost.
In der Hochzeitsnacht: Jetzat.

Oder: Als ein Reporter einmal den Torwart Sepp Maier fragte: „Was sagen Sie dazu, dass Sie mehr verdienen als der bayerische Ministerpräsident?", meinte dieser lapidar: „Ja mei, i schpui ja aa vui besser wia der."

Und wie in München eines Tages auf den öffentlichen Gebäuden die Fahnen auf Halbmast geflaggt und mit Trauerflor geschmückt waren, hat sich ein Passant bei einem Münchner erkundigt: „Hallo Sie, wissen Sie, welcher Politiker da gestorben ist." Darauf der Münchner: „Na, koa Ahnung – mir is a jeder recht." Das ist kurz und bündig und verrät in wenigen Worten die Einstellung dieses Menschen zu den Politikern.

Viele Bayern haben in der Wohnung präparierte Tiere, z.B. einen ausgestopften Hasen oder einen Wolpertinger. Um 1920 nistete sich einmal in den Pelz seines ausgestopften Eichhörnchens, das ein Bauer aus Miesbach in seiner Stube stehen hatte, Motten ein, so dass der Eichhörnchenschwanz schon bald ziemlich räudig aussah. Da ging der Miesbacher ins örtliche Kramerladerl und wollte ein Mittel dagegen haben. „Da hilft nur eines", erklärte ihm der Kramer, „du musst den Pelz mit Vitriol behandeln. Da hast ein Flascherl, zwei Pfennig kostet's." Der Miesbacher fragte: „Ja und wia sagt ma jetzt dazua, wenn ma den Oachkatzlschwoaf mit dem Vitriol abwascht? – Hoaßt ma des vitriolisieren oder wia?" Darauf wusste der Kramer keine Antwort. Als dann der Bayer daheim bei seinem ausgestopften Eichhörchen das Vitriol anwendete, fragte ihn seine Frau: „Was machstn da?“ Da gab der Bauer kurz und prägnant folgende Auskunft:

Koana, moan i, woaß, wia ma des hoaßt,
boimaran ogfießltn Oachkatzlschwoaf
in, umaran Zwoaring, Fitrioiäi oschwoabt.

Aus dieser kurzen präzisen Bemerkung wurde dann Jahrzehnte später jener komplizierte Kontrollspruch, mit dem waschechte Bayern zugereiste Gäste aus dem hohen Norden immer wieder erfolgreich in existenzielle Krisen zu stürzen vermögen, vor allem, wenn der Spruch etwas schneller vorgesprochen wird. Lassen Sie das mal einen Berliner nachsprechen. Vielleicht haben Sie Glück und er emigriert sofort wieder nach Berlin.

Manche behaupten ja, der Bayer sei beim Denken etwas langsam. Das stimmt aber schon überhaupt gleich gar nicht. Wie reaktionsschnell der Bayer ihm gegebene Aufträge gedanklich umsetzt, das zeigt das folgende Ereignis recht eindrucksvoll.

Vor ein paar Jahren, am Aschermittwoch, sind einmal in die Dorfkirche von Unterwaging so viele Menschen gekommen, wie sonst nie. Der Pfarrer war ganz aus dem Häusl und hat ganz aufgeregt zu seinem Mesner g'sagt: „Horch amal, du muaßt mir beim Aschen-Auflegen helfn, sonst werd ich nicht fertig.“ Und dann hat der Pfarrer ihm gleich des lateinische Sprüchlein vorgsagt, das er beim Aschen-Auflegen sagn muß, aber der Mesner hat gestottert: „Herr Pfarrer, Herr Pfarrer, das kann i mir fei nicht merken!“ Da herrscht ihn der Pfarrer an: „Ach!!! – Du bist ein Depp und bleibst ein Depp! Und jetzt schaust, dass d' weiter kommst.“ Der Mesner hat mit den Schultern gezuckt und ist dann halt naus in die Kirche gegangen und weil ihm der Pfarrer eine Schale mit Asche in die Hand gedrückt hat, legt halt auch er den Gottesdienstbesuchern etwas Asche auf die Stirn und sagt dazu zu einem jeden: „Du bist ein Depp und du bleibst ein Depp!

Und jetz schaust das d' weiter kommst." Nach der Kirche sind die Leute ganz aufgebracht zum Pfarrer gekommen und haben sich über den Mesner beschwert, was der zu ihnen da gesagt hat und was das eigentlich soll. „Regt euch doch nicht auf", beruhigt sie da der Pfarrer, „wisst ihr nicht, dass man seit dem letzten Konzil beim Aschen-Auflegen das Sprüchlein auch auf Deutsch beten darf."

Bekannt ist auch die Geschichte mit dem ehemaligen Bundeskanzler Gerhard Schröder, der einmal im Bayerischen Wald Urlaub gemacht und sich da eines Tages im Wald verlaufen hat. Zum Glück ist ein Woidler mit seinem Holzfuhrwerk des Weges gekommen, auf dem er lange Baumstämme geladen hatte. „Ah, entschuldigen Sie", hielt Schröder den Mann auf, „ich glaub, ich hab mich verlaufen, könnten Sie mich zum nächsten Ort mitnehmen?" Der Woidler hat den Schröder von oben bis unten gemustert und dann geraunzt: „Meinetwegen, na hock di hoit hintn drauf!" Schröder ließ sich das nicht zweimal sagen und sprang am Ende des Wagens auf die wippenden Holzstämme.

Als das Fuhrwerk in einem kleinen Dorf hielt, bedankte sich Schröder überschwänglich bei dem Bauern. „Scho guat", winkte der ab, „i hätt hinten an meine Baam sowieso an roten Lumpen obinden müaßn."

Sie fragen sich jetzt sicher, woher der Bayer diese Begabung, immer das treffende Wort zu finden, her hat. Ich glaube ja, das ist gleich bei der Schöpfung passiert. Die folgende Geschichte steht zwar nicht in der Bibel, aber eigentlich gehört sie da hinein. Und diese Geschichte geht so:

Als Gott die Welt erschuf, erweckte er auch die Tiere zum Leben, die Fische, die Vögel und die Säugetiere und so auch den Esel. Als ihn Gott erschaffen hatte, sagte er zu ihm:

„Du bist ein Esel. Du wirst unentwegt von morgens bis abends arbeiten und schwere Sachen auf deinem Rücken tragen. Du wirst Gras fressen und wenig intelligent sein. Du wirst 50 Jahre leben."

Darauf entgegnete der Esel: „Lieber Gott, 50 Jahre so zu leben ist viel zu viel, gib mir bitte nicht mehr als 30 Jahre.“ – „Wenn du meinst“, sagte Gott und er erfüllte seinen Wunsch.

Dann erschuf Gott den Hund und er sprach zu ihm:

„Du bist ein Hund. Du wirst über die Güter der Menschen wachen und ihr bester Freund sein. Du wirst das essen, was der Mensch übrig lässt und 25 Jahre leben.“

Der Hund antwortete: „Lieber Gott, 25 Jahre so zu leben, ist zu viel. Bitte gib mir nicht mehr als 10 Jahre.“ – „Na, wenn du meinst“, sagte Gott und erfüllte auch seinen Wunsch.

Dann erschuf Gott den Affen und er sprach:

„Du bist ein Affe. Du sollst dich von Baum zu Baum schwingen und darfst dich verhalten wie ein Idiot. Du wirst lustig sein, und so sollst du für 20 Jahre leben.“

Der Affe sprach: „Lieber Gott, 20 Jahre als Clown auf der Welt zu leben, das ist zu viel. Bitte gib mir nicht mehr als 10 Jahre.“ – „Na, wenn du meinst“, sagte Gott und erfüllte auch seinen Wunsch.

Schließlich erschuf Gott den ersten Menschen und das war zufällig ein Bayer, und Gott sprach zu ihm:

„Du bist der erste Mensch, ein Bayer, und du darfst im schönsten Fleck des Paradieses wohnen. Du wirst deine Intelligenz nutzen, um dir die anderen Geschöpfe untertan zu machen. Du wirst die Erde beherrschen und für 20 Jahre leben.“

Da protestierte der Bayer und sagte: „Liaba Gott, is des dein Ernst? Ich als Mannsbuid derfat bloß 20 Jahr lang im schönen Bayern leben. Des kann doch nicht dei Ernst sei. Kannst du mir nicht die 20 Jahr noch dazua gebn, die der Esel nicht haben hat wolln, ja, und wenn’s gangat, auch noch die 15 Jahr vom Hund und, wenn’s möglich is, auch noch die 10 Jahr vom Affn.“

„Na, wenn du meinst“, sagte Gott und erfüllte auch seinen Wunsch. Und er sorgte dafür, dass der Bayer und mit ihm alle seine Nachkommen 20 Jahre als Mensch leben. Dann heiraten sie und arbeiten 20 Jahre als Esel von morgens bis abends und tragen schwere Lasten.

Dann bekommen sie Kinder und leben 15 Jahre wie ein Hund, bewachen das Haus und essen das, was die Familie übrig lässt. Dann, im hohen Alter, leben sie 10 Jahre wie Affen, verhalten sich wie Idioten und amüsieren ihre Enkelkinder. – Und Gott sah, dass es gut war. Der Bayer aber sagte darauf nur zwei Worte: „Ja, mei!"

Und seither ist ihm die knappe Rede zu eigen. – Ganz gleich, mit wem der Bayer im Alltag Kontakt hat, er pflegt die kurze Auskunft. So berichtet er in ganz einfachen Worten über oft höchst komplizierte Ereignisse wie etwa das folgende:

Ja mei, wias hoit so is, gäi:
I hab moi oan kennt ghobt,
der hot oane kennt ghobt,
die hot a Kind ghobt,
des Kind hots net von dem ghobt,
weil der nimma könnt hot,
aber der hot oan kennt ghobt
und der hot no könna könnt,
und von dem hots des Kind ghobt,
des i aba net kennt hob,
weil der, den i kennt hob,
si von der oan, die er kennt hot,
domois scho trennt ghobt hot,
bevor i ean kennt ghobt hob.

Was kann ein Bayer dafür, wenn ihm ein Zugereister da nicht folgen kann.

In einem Garmischer Sportgeschäft soll ein Berliner einmal ein Kletterseil gekauft haben. „Na", meinte er forsch, „hoffentlich reißt det Ding nicht gerade dann, wenn ich in der Kletterwand hänge, wa?" – „Da fehlt sich nix", beruhigte ihn der Verkäufer, „und wenn, Sie können's ja umtauschen."

Selbst erlebt habe ich auch folgende Geschichte. Wie ich moi im Tierpark Hellabrunn g'wesn bin – vor am Affenkäfig – ist da auf der Bank vor dem Gehege ein Münchner neben einem feinen Herrn g'sessn, der recht norddeutsch ausgschaut hat. Nach einiger Zeit hat der Münchner zu dem Mann gesagt: „Sie, wenn ma die Viecher so anschaugt, erkennt ma doch ganz genau, dass der Mensch vom Affn abstammt, net wahr." – „Nu aber mal halblang, Menneken", brauste da der Nachbar auf, „Sie vielleicht, icke aber bestimmt nich." – „Ja zefix", knurrte da der Münchner, „is denn a Preiß koa Mensch?"

Das ist wieder die erschlagende bayerische Logik. Und diese bayerische Logik entwickelt sich bereits von Kindheit an, wie folgendes Beispiel eindrucksvoll beweist.

Da hat einmal ein zehnjähriger Bub seinen Papa g'fragt: „Du, Papa, kannst du mir erklärn, was eigentlich Politik is?" – „Freilich", hat der Papa g'sagt, „freilich kann ich dir des erklärn. Nehmen wir zum Beispiel mal unsere Familie:

Ich bring's Geld heim, also bin ich sowas wia's Kapital. – D'Mama verwaltet 's Geld und gibt's aus, also kann man zu ihr Regierung sagn. – Mia zwei, d'Mama und ich, kümmern uns fast ausschließlich darum, dass dir guat geht, also bist Du's Volk. – Unser Dienstmadl, die Zenzi, arbeitet an ganzn Tag. Sie ist die Arbeiterklasse und dein kloana Bruada, der noch in die Windeln liegt, des is die Zukunft. Hast Du des verstanden?"

„Ja, i glaub schon, Papa", sagt der Bub. „Na ja", meint der Papa, „schlaf erst mal noch a Nacht drüber. Morgn frag ich dich dann nochmal und schaug, ob du's auch wirklich verstanden host." – „Ja, wennst meinst", sagt der Bub und geht ins Bett.

In der Nacht ist er dann aufg'wacht, weil sei kleiner Bruada in d' Windeln g'macht ghabt hat und deshalb plärrt hat wie net gscheid.

Deshalb is er aufgstandn und hat am Schlafzimmer von seinen Eltern geklopft. Doch d'Mama hat Ohropax in die Ohrwaschl ghabt und nix ghört. Sie hat gruasslt wia a Bär und sich nicht aufwecken lassen.

Also geht der Bub zum Zimmer vom Dienstmadl und wie er neischaugt, findet er dort sein Papa bei ihr im Bett. Die zwei habn sich von eahm aber überhaupt nicht stören lassen und so ist er halt wieder in sei Bett gegangen, weil inzwischen auch sei kloana Bruada zum Schrein aufghört hat.

Am Morgen hat'n dann der Papa g'fragt: „Buale, woaßt du jetz noch, was Politik is?"

„Freilich", hat der Bub gsagt, „freilich, das woaß ich jetz ganz genau. – Ich hab's heut Nacht ja selber erlebt. – Die Regierung schlafft und lasst sich durch nix störn. Der Kapitalismus missbraucht die Arbeiterklasse und 's Volk werd völlig ignoriert. D' Zukunft aber, die liegt in der Scheiße."

Das ist wieder die erschlagende bayerische Logik, aus der sich auch folgender Stoßseufzer entwickelte.

Ja, so geht des net!

Wo kamat ma denn do hi, wenn jeda sogn taat, wo kamat ma denn do hi, und neamad higangat, um zum schaung, wo ma hikamat, wenn ma higangat.

Mia san do andas, mia frogn net lang, wo kamat ma denn do hi, wenn ma higangat, sondern mia gengan hi, um zum schaung, wo ma hikemma, wenn ma higenga, na brauch ma net lang frong, wo ma hikamat, wenn ma higangat, ja, wo kamat ma denn do sonst hi?

Und wenn dann trotz diesem „Hischaung, wo ma hingangat" eine Politische oder sonstige Angelegenheit daneben geht, ist ein echter Bayer niemals enttäuscht. In einem solchem Fall bleibt ihm noch immer der Stoßseufzer.

„Ja, wissen S', hinterher is ma immer gscheiter, wia ma's vorher macha hätt solln. Es wär scho besser, wenn ma vorher wissat, wia's hinterher wär. Wenn ma aber vorher wissat, wia's hinterher wär, daat ma's dann vorher aa ändern? – Wenn ma's nämlich vorher ändern tät, nacha wär's hinterher anders. Wenn's aber hinterher anders wär, nacha müassat ma's vorher nicht ändern, weil's nacha vorher aa scho anders g'wesn wär. Ma müassat's vorher schon überlegt habn, wia's hintaher g'wesn wär, wenn ma's vorher überlegt habn dadat."

Tja – wie sagte doch Karl Valentin, als er einmal in Berlin gastierte und zum Frühstück eine Flasche Bier bestellte, worauf der Kellner pikiert anmerkte: „Aber, aber, Herr Valentin, zum Frühstück trinkt man doch Kaffee, Tee oder Kakao. Kein Mensch trinkt doch zum Frühstück Bier", worauf Valentin meinte: „I bin ja auch kein Mensch, i bin a Bayer."

Zum 70. Geburtstag

Jahr für Jahr werdn d' Mannsbuida
meistns nia gscheida,
bloß oiwei älta und älta.

I frag mi nur,
warum des bei Dir
genau umkehrt is?

Karl Valentin, die Würm und der Würmsee

Im Vorläufer des heutigen Valentin Musäums im Isartorturm, im von Karl Valentin begründeten sogenannten Panoptikum, das so hieß, weil dort wirklich alles Mögliche zu sehen war, gelang es dem Erzkomiker natürlich nicht, der Würm und dem Starnberger See keine Beachtung zu schenken. Und so erwies er denn in seinem „Lach- und Gruselkeller" diesen beiden bayerischen Naturphänomenen gleich mit vier erstaunlichen Ausstellungsstücken seine Referenz.

Ein Exponat trug den Titel „Eingetrocknete Würm bei Schloß Blutenburg in Pasing". Erwartete der Betrachter nun den Anblick eines Fläschchens mit verdunstetem Würmwasser, war er höchst erstaunt, als zwar ein Einweckglas vor ihm stand, in diesem aber lediglich ein paar mumifizierte Regenwürmer, auf Bayrisch „eingetrocknete Würm", herumlagen, welche die Ekelgefühle mancher sensibler Besucher blitzschnell zu aktivieren vermochten, so daß sie nicht mehr darüber zu meditieren imstande waren, ob diese „Würm" tatsächlich von Schloß Blutenburg in Pasing stammten und nicht nur aus Karl Valentins Komposthaufen seines Gartens in Planegg.

Das zweite Ausstellungsstück war da schon viel appetitlicher, zeigte es doch „Leoni (vom linken Ufer des Starnberger Sees)". Aber anstatt auf ein Konterfei der Ortschaft Leoni, starrte der Besucher unvermittelt auf einen Ring Lyoner Wurst, der über den linken Rand eines wassergefüllten Aquariums hing, dessen Flüssigkeit dem Wasser des Starnberger Sees täuschend ähnlich sah. Die Häufigkeit des Wurstwechsels pro Woche soll unbestätigten Gerüchten zufolge von der Höhe der Raumtemperatur abhängig gewesen sein. Unwahr ist allerdings, daß Valentin zur damaligen Zeit zweimal wöchentlich Wurstsalat gegessen haben soll. Der war ihm nämlich „Wurscht".

Nicht bewiesen ist bis heute, ob das von Valentin ausgestellte „Tiefseeungeheuer“ in Starnberger Seewasser eingeweicht war. Dieses Monster, ein alter Schuh, bei dem an der Zehenfront maulähnlich die Lederkappe aufgerissen war, schwamm ebenfalls in einem kleinen Aquarium, das allerdings eher an eine Fußwaschschüssel erinnerte als an ein Tiefseebecken. Der Schuh stammte einem üblen Gerücht zufolge von Valentin persönlich, nachdem er es leid war, ihn zum vierten Mal von seinem Schuster reparieren zu lassen. Stattdessen hatte der Komiker den genialen Einfall, sein Panoptikum um ein eindrucksvolles Exponat anzureichern.

Das vierte Ausstellungsstück soll eindeutig mit Starnberger Seewasser gefüllt gewesen sein, was aber nach Meinung der Experten, die dies nachgewiesenermaßen überhaupt nicht untersucht hatten, nicht bewiesen sei, wohingegen es Valentins Affinität zu Aquarien belege. Denn auch in diesem Fall bildete abermals ein derartiger Wasserbehälter das Herzstück des Exponates. Auf seinem Grund lag ein Stein, auf der Wasseroberfläche aber schwamm ein kleiner Gummiball. Mit diesem „Experiment“ dokumentierte Valentin wissenschaftlichen Weitblick, weshalb heute noch seine daraus resultierende Erkenntnis, die er fast gewonnen hätte, und die Formel der Einsteinschen Relativitätstheorie oft in einem Atemzug genannt werden, wobei Valentins Ausführungen kürzer und allgemein verständlicher sind, wie die beigefügte Beschreibung verdeutlichte, in der es hieß: „Während der faustgroße Stein im Wasser versinkt, bleibt der Gummiball auf der Wasserfläche liegen. Ob dieses Experiment eine Tragweite für die Zukunft bedeutet, wird uns die Zukunft beweisen.“

Die Tragweite für den Ball auf den Wellen der Würm, in deren Nähe Valentin wohnte, wäre tatsächlich eine große gewesen, hätte Valentin den Ball in sie hineingeworfen. Aber dazu scheint er, wie zu vielem anderen, keine Lust gehabt zu haben. Und obwohl der Komiker mit seinem Panoptikum kaum etwas verdiente – es erwies sich schon bald als Pleiteunternehmen –, hat er sich dennoch um die Würm und den Würmsee verdient gemacht.

Der Boss

Was geht den Menschen immer durch den Kopf? Natürlich Finanzamt, Steuern, die seit Jahren immer gegenwärtige Banken- und Wirtschaftskrise.

Allen Bänkern, Wirtschaftsbossen und unfähigen Politikern – wie sie auch immer heißen – möchte ich das folgende Gedicht widmen mit dem Titel „Der Boss“:

Der Körper hatte Langeweile.
Da stritten sich die Körperteile
gar heftig und mit viel Geschrei,
wer wohl der Boss von ihnen sei.

„Ich bin der Boss“, rief das Gehirn,
„ich sitz‘ ganz hoch hinter der Stirn,
und muss stets denken und euch leiten.
Ich bin der Boss! Will’s wer bestreiten?“

Die Beine sagten halb im Spaße,
„Gib nicht so an, du weiche Masse!
Der Mensch wird durch uns fortbewegt,
manch Mädchenbein den Mann erregt,
der Mensch wirkt doch durch uns erst groß,
das ist doch klar, wir sind der Boss!“

Die Augen funkelten und sprühten:
„Wer soll euch vor Gefahr behüten,
wenn wir nicht ständig wachsam wären?
Uns sollte man zum Boss erklären.“

Das Herz, die Nieren und die Lunge,
die Ohren, Arme und die Zunge,
ein jeder legte schlüssig dar:
„Der Boss sind wir – das ist doch klar!"

Bevor man die Debatte schloss,
da furzt der Arsch: „Ich bin der Boss!"
Ha! Wie die Konkurrenten lachten
und bitterböse Späße machten.

Der Arsch war darauf sehr verdrossen
hat zielbewusst sich fest verschlossen
es dachte konsequent bei sich:
„Die Zeit, sie arbeitet für mich.
Wenn ich mich weigere zu scheißen,
werd ich die Macht schon an mich reißen."

Schlaff wurden Finger, Arme, Beine,
die Galle produzierte Steine,
das Herz, es stockte schon bedenklich,
auch das Gehirn fühlte sich kränklich.

Das Arschloch war nicht zu erweichen,
ließ hier und da ein Fürzchen streichen.
Zum Schluss da sahen's alle ein:
„Der Boss kann nur das Arschloch sein!"

Und die Moral von der Geschicht':
Mit Fleiß und Arbeit schafft man's nicht.
Um Boss zu werden hilft allein,
ein Arschloch von Format zu sein,
das mit viel Lärm und ungeniert
nichts als nur Scheiße produziert!

Floßfahrt auf der Isar

Zu den schönsten Erlebnissen in Bayern gehört eine Floßfahrt auf der Isar und das gilt heute noch immer so wie in früheren Zeiten. Der Münchner Schriftsteller Julius Kreis (1891–1933) berichtet in einer kleinen Geschichte recht anschaulich, wie es dabei zuging.

Eine Floßpartie anzuzetteln ist leicht. Alle tun mit. Jeder ist begeistert. Bis es aber dazu kommt, das ist für den ‚spiritus rector' ein Geduldsspiel von hohen Graden. Am Mittwoch, also am festgesetzten Tag, regnet es natürlich. Am nächsten Samstag ist leider ein Teil verhindert, mitzukommen. Am nächsten Dienstag kann der andere Teil nicht dabeisein. Am nächsten Freitag ist in der Früh das Wetter so unbestimmt. Von der dreißigköpfigen Besatzung sind fünf am Bahnhof, die, als um neun Uhr die Sonne herauskommt, alle zeitlichen und ewigen Strafen auf die Zauderer herabwünschen.

Aber eines Tages klappt es doch, und der Großteil der kühnen Isarpassagiere ist am Bahnhof versammelt. Wer flößt, zieht sich gebirglerisch an. Kühne Jagerhüatln sieht man da und karierte Spenzer, Dirndlkleider und Genagelte.

Auf der grünen Isar! Meist traut man herkömmlichen, sozusagen stehenden sprichwörtlichen Eigenschaften nicht so ganz. Man hat die Isar schon grau und gelb und braun gesehen.

Aber nein. Sie ist an unserm Floßtag wirklich grün. So hell, wie dieser Bergfluß nur immer sein kann, bald mit einem Schimmer ins Türkis, bald mit einem ins Smaragd. An der Lände in Tölz liegt das Floß, schwer und breit, mit Tannenbäumerl und weißblauen Bändern geziert, festlich geputzt. Eine freudige Aufregung, wie sie Kinder bei einem großen frohen Ereignis erfüllt, hat die Floßfahrer gepackt. Sorglich verwahrt liegen im Vorderteil zwei runde Bierbanzen. Floßknechte, zugleich schneidige Musikanten, rücken an und packen ihre Instrumente aus. Ziehharmonika, große und kleine

Trommel, Trompete und Klarinette. Das blitzt im blauen sonnigen Tag wie Gold und Silber in der Luft, und die berglerischen Musikanten sitzen da wie aus einem Leibl-Bild heraus. Sommerfrischler schauen der Abfahrt zu. Der Floßmeister geht ans Ruder. Die Kapelle setzt an. Der schneidige Tölzer Schützenmarsch steigt zur Brücke hinauf, und das Floß mit seiner frohen, farbigen Fracht gleitet in den Fluß. Hundert Hände und Tücher winken, und Juhschrei um Juhschrei fliegt in den Sommertag.

Und Marsch um Marsch und Landler um Landler schmetterte in den strahlenden Tag, so richtig altbayerisch nach Herzenslust jodelte die Klarinette in die Zugharmonika hinein, und ein G'sangl ums andere gaben die Flößer zum Besten, keinen lieblichen Holdrio-Schmarren, sondern alte, echte, gewachsene, rassige Lieder und G'stanzeln. Dazwischen hinein einen Plattler, zu dem ein Stadterer die Trompete blies, indes der Trompeter dem „Haxenschlag'n" nachkam.

Acht Stunden Floßfahrt bringen einen Heimatwinkel viel näher als hundert Bücher und Geschichten übers Gebirge. Waren aber auch unter den „Passaschieren" nicht wenige, deren Großväter noch an der oberen Isar Haus und Besitz hatten, und man konnte mit den Flößern über gemeinsame Bekannte aus Höfen und Almhütten dischkrieren, sozusagen noch als Zugehöriger.

Wie die Flößer das ungefüge Fahrzeug ohne viel Rederei und Getu wieder flottmachten, als es auf einer Kiesbank aufgefahren war, mit welch einfachen ingeniösen Praktiken, das wäre ein Beispiel für manchen großen Pimperlwichtig gewesen.

Die Landschaft. Das Isartal. Dieses Flußtal ist wie der schönste Traum. Es ist stundenweit einsam wie die Welt am ersten Schöpfungstag. Im weiten Bett strömt der grüne Fluss, vielfältig verzweigt durch das Land. Über den Tannenwäldern am Ufer steht im zitternden Sonnenglast der Auwald. Wundervoll in der Farbtönung klingen Luft und Gras, Gestein und Wald zu herrlichen Bildern. Ein dunkles Wetter baut sich im Süden auf. In das blaue Schwarz des Himmels wachsen gespenstisch weiße Wolkentürme, indes der Norden noch im Lichte liegt. Wie heben sich Mauern und Kirchtürme leuchtend aus dem schieferschwarzen Himmel über den goldgrünen Buchenwäldern am Georgenstein. Aus einem einsamen Häusl am Hang grüßt das Floß ein Jodler wie eine überirdische Schalmei, und in Schmunzeln löst sich der Bann, als die Jodlerin, ein altes Weibl, zum Vorschein kommt und die Flößer ihr neben der Anerkennung nicht ganz ernstgemeinte Wünsche und Anträge zurufen.

Im grünen Fluß neben dem Floß schwimmen und tauchen die braunen Leiber der Badenden, es ist, wie wenn ein guter Zauberer allen Spuk der großen Stadt, der schweren Zeit, der entgötterten Natur mit gütiger Hand aufgelöst hätte in zeitlose, grüne Wasser-, Baum- und Himmelseligkeit.

Im Dämmern gleitet das Floß an der Lände bei Maria Einsiedel ans Land. Es ist, als ob ein schöner Zauber geendet hätte, und Heimweh nach dem glücklichen Tag geht mit uns zu der nächtlichen Stadt, zu den Mauern, mit.

Zeit sparen!

Die Zeit ist kostbar. Man sollte sie sparen
und in der Kasse gut aufbewahren.
Verlorene Zeit einmal wiedergefunden,
vermehrt das Konto um viele Stunden.

Hat man irgendwo etwas Zeit gewonnen,
schnell auf die Bank, bevor sie zerronnen.
Auch geschenkte Zeit sollte man ehren.
Sie kann Zeitzinsen erheblich vermehren.

Nie Zeit vergeuden! Nirgends lange verweilen!
Und vergangener Zeit unverzüglich nacheilen!
Wer so lebt, der kann, muß er einmal sterben,
ein Zeitvermögen seinen Erben vererben.

Brief an die Mama

Letztes Jahr soll allen Ernstes im Februar in München folgendes passiert sein. Da ist eine Mutter einmal ins Zimmer ihrer Tochter gegangen. Aber das Mädchen ist nicht da gewesen. Wie sich die Frau so umgeschaut hat, hat sie auf dem Bett einen Brief liegen sehen. Mit ungutem Gefühl hat sie sofort das Kuvert aufgemacht und den Brief herausgenommen, in dem folgendes gestanden hat:

Liebe Mama,

es tut mir wirklich leid, aber ich hab mit meinem neuen Freund einfach von zu Hause fort gehen müssen. Er ist nämlich meine wahre Liebe. Du solltest ihn einmal sehen, er ist ja soooo süß mit seinen tollen Piercings, den geilen Tattoos und der rotblauen Punkfrisur. Wenn er mich auf dem Rücksitz seiner Harley-Davidson mitnimmt und wir zwei mit 200 Sachen über die Autobahn rasen, dann bin ich richtig happy. Aber das ist noch nicht alles, Mama. Endlich bin ich auch schwanger, und Osman möchte mindestens noch acht Kinder haben. Er ist ja so kinderlieb. Er sagt, dass wir in seinem Wohnwagen direkt neben dem Asylantenheim ein herrliches Leben haben werden. Mir ist auch nie langweilig, denn fast jeden Tag gibt es Zoff und da kommt dann die Polizei oder die Feuerwehr in unsere Gegend. Ich bin froh, dass Osman vor einem Monat aus dem Knast gekommen ist, aber leider hat er noch immer keine Arbeit gefunden. Doch das vergessen wir zwei ganz schnell beim Marihuana-Rauchen. Er will übrigens demnächst auf einem Feld nicht bloß für uns, sondern auch für seine Spezis Gras anbauen, weil die uns doch auch immer Koks und Heroin spendieren, wenn wir Lust darauf haben. Natürlich hoffe ich, dass die Medizin schon bald ein Mittel gegen Aids findet, damit es Osman schnell wieder besser geht. Um mich brauchst du keine Angst zu haben, liebe Mama, ich bin schließlich schon 13 Jahre alt und kann recht gut auf mich selber aufpassen. Ich würde mich echt freuen, wenn du mit Papa uns mal besuchen würdest, damit ihr beide euern Enkel kennen lernt.

Es grüßt dich ganz lieb
deine Tochter Heidi

PS: Ist natürlich alles Quatsch, Mamilein, ich bin bloß kurz bei Omi! Wollte dir damit nur sagen, dass es viel schlimmere Dinge im Leben gibt als das Zeugnis, das du auf deinem Nachtkästchen findest. Ich hab dich lieb.

Vom freien Willen des Menschen

Woit er, wos er hot,
na hätt er, wos er wui.
Weil er aber oft net wui,
wos er hot, hot er aa net,
wos er wui.

Er müssat oiso
zerscht was ham
und dann des,
wos er hot, aa woin,
damit er nachad,
wos er wui aa hätt.

Weil er aber oft
zerscht wos wui,
wos er no net hot,
des er aber dann,
wenn er's hot, net wui,
drum hot er aa oft net,
wos er wui.

Und deshoib wui er
am End na gar nix mehr,
weil er ja woaß,
dass er oft des, wos er
scho woin hätt woin,
dann, wia er's ghabt hot,
nimmer woitat, also
zerscht scho glei gar net
woin hätt soin.

I häng am oidn Glump

„I häng am oidn Glump“, sagt sie. Und er widerspricht ihr nicht. „Denn des ist recht praktisch“, sagt sie, „weil da erspart ma sich vieles.“ Obwohl, des, was sie sich erspart, hat er noch nia gsehng. Trotzdem is sie der Ansicht: So a oids Glump hat einfach was.

Da ist zum Beispiel die Handtaschn: Zeitlos modisch war's, wia sie sich's damals kauft hat, so vor zwanzg Jahr. A bisserl abgschabt is jetz natürlich scho, aber dafür woaß sie aa, wo ois zum finden is da drin. Und des is in a Handtaschn immer von Vorteil!

Und dann sind da die Pantoffeln. Grad schee ausglatscht sans, neigschlupft is schnell, jeder Zeha hat sein Platz und der oane schaugt scho vorn raus und zahnt: „Schau her, i bin aa no da!” Aber wegschmeißn? Die schöna Pantoffeln? Die werdn auftragn, bis de Fuaßsohln durch d' Schuahsohln schaugn!

Die Wollsocken san zwar scho zwölf Jahr oid, aber sie werdn fünfmal gstopft. Sie san halt soo warm und d' Füaß finden von alloa nei, in des oide Glump!

Und im Bad drin auf da Ablag liegt a Kamm, dem fehlt jeder zwoate Zackn. Aber sie moant, des reicht scho no, vor allem für eahm, wo er doch auch bloß noch jeds zwoate Haar aufm Kopf hat!

Die Jeans, die war amal a Edeljeans, dann a Un-Edeljeans, dann a Freizeitjeans, dann a Gartenarbeitsjeans, und wenn ma no a paar Löcher zusätzlich neischneidn tät, wär sie doch glatt was für'n Karl Lagerfeld sei neue Kollektion!

„Kaff ma uns doch amoi a paar neie Tassn“, moant er. „Des oide Glump is scho recht abgschlagn!“ – „Ach was“, sagt sie, „lass mas liaba bleibn, weil bis jetzt habn mir ja noch nicht amal die letzten neuan Tassn, die mir uns angschafft habn, eing'weiht – und der Kaffee schmeckt aus de oidn Haferl doch oiwei no am besten!“

„Möchst nicht amal a neus Radl?“ fragt er. „Ach naa! Des oide brauch ich beim Eikaffa net absperrn“, sagt sie, „weil den altmodischen Karrn krampfet eh koana. Und wenn, dann is der Dieb damit g'schlang gnua und bringt de Rostlaubn liaba wieder freiwillig zruck!"

„Du, wia waar's mit an modernen Ofn, so an automatischen mit Computer-Anschluss?" – „A was", moant sie, „da woaß man net, ob die Krustn vom Schweinsbraten noch so knusprig werd oder am End gar so lätschert dranhängt wia die Runzelhaut an a oidn Henna."

„Und mitm Christbaamschmuck is jeds Jahr des gleiche Gfrett! Nächst Mal gibt's aber garantiert was Neus", hoaßt's jeds Jahr, „ich kann die oidn Kugeln wirklich nimmer sehng." Doch am Heiligen Abend drauf: „A schau doch hi, die genga scho no, mir habn uns doch so dran gwöhnt und kaputt san's aa no net! Und des neumoderne Graffe – i woaß net!"

„Ich häng halt einfach am oidn Glump", sagt sie immer und immer wieder.

Und er hat nix dagegn. Denn, so recht betrachtet, denkt er: „Wenn sie am oidn Glump so dranhängt, na werd des aa für mich noch lang net gfährlich!"

Ein paar Zweizeiler

Trotz: Jugendliche Form
von Altersstarrsinn.

Zwiebel: Ein Gemüse,
das echte Frauentränen kennt.

Stress: Alles,
was nicht Kaffeepause ist.

Studium: Erholungsphase des Mannes
zwischen Mutter und Ehefrau.

Chance: Gelegenheit,
Fehler zu wiederholen.

Flirt: Jemandem nahekommen,
ohne ihm zu nahe zu treten.

Der Gedenkstein

In München betrat eine junge Frau ganz in Schwarz ein Juweliergeschäft und erklärte mit trauerumflorten Blick:

„Mei verstorbener Mann hat mir 10.000 Euro für an schönen Gedenkstein hinterlassn. Könntn Sie mir bittschön a paar Stoana in dieser Preisklasse zoagn?“

Planeten

Treffa si zwoa Planetn im Weltoi.
Fragt der oa: „Wia gehts dir’na oiwei?“
Drauf da ander: „Ja mei,
net so guat, i hab Homo sapiens.“
„Macht nix“, sagt da ander,
„des geht vorbei!“

Das brave Waldsassinger Bäuerlein

In dem kleinen Dorf Waldsassing lebte einmal ein Bäuerlein, das im ganzen Dorf sehr angesehen war. Man konnte ihm nichts Schlechtes nachsagen. Eines Tages wurde der Mann krank und starb und das ganze Dorf betrauerte ihn. Er bekam ein würdiges Begräbnis und der Pfarrer lobte in seiner Grabrede sein untadeliges Leben.

Als sich aber die Seele des Bauern von seinem Leib löste und er sich schon auf den Himmel freute, war er entsetzt, als er sich plötzlich vor dem Höllentor wiederfand, wo schon ein lange Schlange anderer Seelen wartete. Der Pförtner-Teufel befragte jede nach dem, was sie auf Erden angestellt hatte. Nach und nach wurde jede eingelassen. Schließlich kam die Reihe an das brave Bäuerlein von Waldsassing.

„Ich steh hier völlig am falschen Platz", protestierte der Mann und sagte zum Pförtner-Teufel: „In meinem ganzen Leben war ich brav und keiner kann mir etwas Schlechtes nachsagen." Der Pförtner-Teufel sah ihn misstrauisch an und fragte: „Jetzt sag zuerst einmal, was du getan hast."

„Ja nichts", beteuerte das Bäuerlein, „gar nichts hab ich getan. Ich bin ein guter Mensch und bin nur aus Versehen hier."

„Aber irgendetwas musst du doch getan haben", wiederholte der Pförtner-Teufel. „Jeder Mensch auf der Welt tut doch irgendetwas oder stellt etwas Böses an."

„Das mag schon sein", gab das Bäuerlein zu, „aber ich hab mich vor allem Bösen und Schrecklichen immer fern gehalten. Im Fernsehen hab ich gesehen, wie Menschen ihre Mitmenschen verfolgt haben, aber ich war zum Glück daran niemals beteiligt. Ich hab auch gesehen, wie man in Afrika Kinder verhungern ließ oder Frauen als Sklavinnen verkaufte. Aber ich konnte es nicht mitansehen, wie man auf den Schwachen herumtrampelte und wie böse Menschen andere sogar umgebracht haben. Schrecklich war es auch, davon zu hören, wie überall auf der Welt gierige Menschen die Armen betrogen und sich an ihnen bereichert haben. Aber ich, ich hab stets jeder Versuchung widerstanden und habe nichts getan."

„Du hast also wirklich absolut nichts getan?" fragte der Türsteher-Teufel ungläubig. „Du hast all das Entsetzliche nur angesehen, aber selbst nichts getan?"

„Ja, so ist es", rief das brave Bäuerlein ganz aufgeregt. „Ich hab mich von allem immer fern gehalten und nichts getan."

„Ja dann", sagte der Pförtner-Teufel, „dann bist du hier schon richtig. Komm nur herein, auch für dich haben wir ein schönes Plätzchen."

Schweizer Bank

Ein Bayer kommt in eine Schweizer Bank und fragt leise: „Sie, kann ich bei ihnen mein Geld anlegen?" – „Wie viel", fragt der Bankangestellte. „Zwoa Millionen Euro", flüstert der Bayer. „Sie können ruhig laut reden" plärrt da der Bankangestellte. „Armut ist doch keine Schande."

Wahlplakate

Immer, wenn in Deutschland Wahlen anstehen, grinsen sie uns an jeder Ecke an, die Gesichter von Leuten, die sich Politiker nennen. Darunter meist nichtssagende Sprüche. Wahlplakate sind Steuergeld-Verschwendung, üble Umweltverschmutzung und Verschandelung der Landschaft und eine Folter für die Augen. Im Schnitt kostet ein Großplakat bis 500 Euro. Das heißt, Unsummen werden nutzlos verplempert, die nach der Wahl im Müll landen. Reicht denn nicht der Werbe-Tsunami in den Medien und im Internet? Glauben Politiker wirklich, dass Wähler ihre Wahlentscheidung von einem Gesicht abhängig machen, das sie an irgendeiner Straßenecke angrinst und wegen ein paar saudummen Sprüchen, die eh keiner glaubt? Wähler sollten endlich protestieren: „Hört mal, ihr Dödel, wir wählen nur jene, die auf Plakate verzichten. Wahlplakat-Rowdies haben künftig keine Chance mehr!“ Ein Dichter würde das so ausdrücken:

Durchgekaute Sprüche voll Rückwärtsgegrübel
lallen dumpfe Brüderlichkeitsparolen,
tröpfeln ins Gefühl, knirschen im Brot,
quelln aus dem Kaffee, vergälln uns die Träume.

Retuschierte Gesichter vor verlässlicher Landschaft,
menschenleere Künftigkeit im Blick, grinsen uns blöd an,
zerfressen Fundamente, glotzen uns an die Wahlurne,
ziehn uns die Haut ab, zerreden die Wunden.

Ich mache mein Kreuz
und trage es.

Eine kleine Geschichte mit Jeder, Jemand, Irgendjemand und Niemand

Dies ist eine kleine Geschichte über 4 Kollegen namens Jeder, Jemand, Irgendjemand und Niemand. Es ging darum, eine wichtige Arbeit zu erledigen und Jeder war sicher, dass sich Jemand darum kümmert. Irgendjemand hätte es tun können, aber Niemand tat es. Jemand wurde wütend, weil es Jeder's Arbeit war. Jeder dachte, Irgendjemand könnte es machen, aber Niemand wusste, dass Jeder es nicht tun würde. Schließlich beschuldigte Jeder Jemand, weil Niemand tat, was Irgendjemand hätte tun können.

Die G'schicht vom Blumentopf und vom Bier

Die folgende G'schicht ist in der Universität München passiert. Und seither wird sie immer wieder weiter erzählt. Vor allem Menschen, die den Eindruck haben, dass 's Leben immer komplizierter wird, aber auch solche, für die die 24 Stunden am Tag nicht mehr ausreichen, die erinnern sich immer wieder an die folgende „G'schicht vom Blumentopf und vom Bier".

An der Uni München, da hat's einen Philosophieprofessor gebn, ein echter Bayer. Der hat eines Tages in den Hörsaal einige Gegenstände mitbracht. Die Studenten haben ihm verwundert zugschaut, wie er gleich zum Beginn der Vorlesung wortlos einen großn Blumentopf genommen und auf den Tisch gestellt hat. Dann hat er den Topf ganz gemütlich mit Golfbällen aufgefüllt. Wie er damit fertig war, hat er die Studenten gefragt: „Was meint's, ist der Topf jetzt voll?“ „Freilich“, haben alle gsagt.

Jetzt hat der Professor eine Blechdosn voll Kieselstoana gnommen und die Stoana in den Topf neigschütt. Dabei hat er den Topf vorsichtig hin und herbewegt, so dass die Kieselstoana in die Leerräume zwischen die Golfbälle gerollt san. Na hat er wieder gfragt: „Is der Topf jetzt voll?“ Die Studenten haben ja gsagt.

Als nächstes hat der Professor a Glasl gnommen, in dem war Sand, und den Sand hat er in den Bluamatopf neigschütt. Natürlich ist der Sand durch die Ritzen zwischen die Golfbälle und Kieslstoana grieslt und hat auch den kleinstn Zwischenraum, der noch übrig war, ausgfüllt. Auf die Frage, ob der Topf jetz voll ist, habn die Studenten wieder ja sagn müassn.

Jetzt hat der Professor noch zwei Dosen Bier unterm Tisch vorgholt, hat den Inhalt vorsichtig in den Blumentopf neigossn und damit auch noch den letzten Raum zwischen dene Sandkörndln ausgfüllt. Jetzt habn die Studenten glacht.

„Sehts“, hat der Professor gsagt, wia 's Lachn nachglassn hat, „ich möcht, dass ihr den Bluamatopf da als ein Bild für euer Leben anschauts. Die Golfbälle, verstehts, die stelln die wichtigen Sachan im Leben dar: eure Familie, eure Kinder, d' Gesundheit, eure Freund, kurzum alles, was für euch wirklich von Bedeutung ist und alles, was euer Leben selbst dann noch lebenswert macht, wenn alles andere verloren geh tät und euch nur noch die wenigen Sachn da bleibatn.

Die Kieselstona symbolisieren die anderen Angelegenheiten im Leben wie euer Arbeit, euer Haus, euer Auto.

Der Sand aber, der steht für die vielen, oft belanglosen Kleinigkeiten. Falls ihr zuerst den Sand in den Topf gebts“, hat der Professor gsagt, „dann haben weder die Kieselstoana noch die Golfbälle Platz drin. Dasselbe gilt auch für euer Leben. Wenn ihr all eure Zeit und Energie fortwährend in Kleinigkeiten investierts, na werds ihr nia

Platz habn für die wichtigen Sachan. Auf die müaßts zerscht obacht geben, weil sonst setzts euer Glück aufs Spiel.

Und deshalb sag ich euch, nehmts euch Zeit für eure Kinder, spielts mit ihnen, schaust auf euer Gsundheit, geht's mit eure Freund und mit euerm Lebenspartner zum Essen. Es wird immer noch Zeit bleiben, um 's Haus sauber zum macha und alle andern Alltagsverpflichtungen zum erledigen. Passt also zuerst immer auf die Golfbälle auf, die sind wirklich wichtig. Sie müassn Vorrang habn. Der Rest ist nur Kieselstaona oder nur Sand."

Da hat sich einer von den Studenten gemeldet: „Herr Professor", hat er gfragt, „was aber bedeutet das Bier, das sie zum Schluss noch neigschütt haben?" Der Professor hat gschmunzelt und g'meint: „A guate und wichtige Frage. Das ist dafür da, euch klar zum machn, dass, egal wie schwierig euer Leben auch sein mag, es immer noch Platz gibt für oane oder zwoa Halbe Bier."

Mei Katz

Die Ohrn von meiner Katz
habn so was
Bischofsmützig-Erhabnes.
Manchmoi murmelts aus mir
tief in ihr Fell: „Eure Heiligkeit!"

Mei Katz is aa hochintelligent,
is Intelligenz bekanntlich
doch die Begabung,
auch a unakzeptable Umgebung
zu akzeptiern.

Was wirklich im Paradies geschah

Wie der liebe Gott den Himmel und die Erde erschaffen hat und auch den ersten Menschen, da hat sich eines Tages Eva an Gott gewandt und gesagt:

„Gott, du ich hab a Problem."

„Welches Problem, Eva?"

„I woaß, dass du mich erschaffen hast und den schönen Garten da herum, und alle Tiere und auch die aufdringliche Schlange, aber i bin net glücklich."

„Warum nicht, Eva?"

„Ich bin so einsam, Gott, und außerdem kann i koane Äpfi mehr sehng."

„Nun, Eva, in diesem Fall habe ich eine Lösung. Ich werde einen Mann für dich erschaffen."

„An Mo? – Wos isn des, Gott?"

„Das ist ein fehlerhaftes Wesen mit vielen schlechten Eigenschaften. Er wird lügen, betrügen und eitel sein; alles in allem wird er dir das Leben schwer machen. Aber er wird größer sein als du und schneller, und er wird gerne jagen und töten. Ich werde ihn so machen, dass er deine körperlichen Bedürfnisse befriedigt. Er wird humorlos sein und an kindischen Dingen seine Freude haben. So wird er beispielsweise kämpfen oder gerne hinter einem Ball herlaufen. Er wird nicht so schlau sein wie du und braucht deine Hilfe, um zu denken."

„So, des klingt ja großartig", hat die Eva gemeint und ihre Augenbrauen hochgezogn, „und wo ist der Haken bei der Gschicht?"

„Du kannst den Mann nur unter einer Bedingung haben."

„So — und was wär das für eine Bedingung??"

„Wie ich bereits sagte, wird er stolz, arrogant und selbstverliebt sein. Und deshalb wirst du ihn in dem Glauben lassen müssen, dass ich ihn zuerst erschaffen habe. Das muss aber“, so flüsterte Gott der Eva ins Ohr, „das muss aber unser kleines Geheimnis bleiben – du weißt schon: von Frau zu Frau.“

Ein paar Dreizeiler

Die Hektik von heute
ist die gute alte Zeit
von übermorgen.

Leute, die im Gebirge
rücksichtslos die Natur zerstören,
sind die reinsten Alpentäter.

Beamte arbeiten ständig
etwas auf,
aber selten sich selbst.

„Erkenne dich selbst“ ist gut.
„Durchschaue die andern“
ist besser.

Seit der Rhein verschmutzt ist,
betrachtet mancher
Kölnisch Wasser mit Argwohn.

Kaffeehaus!

Der Lebensrhythmus des legendären Kaffeehaus-Diogenes Peter Altenberg (1859–1919) war: spät ins Bett, bis spät in den Vormittag hinein schlafen und danach mit Spezln debattierend im Kaffeehaus hocken. Kein Wunder, dass sich der Vater fragte, ob sein Peter noch normal ist. Doch ein kluger Arzt beruhigt ihn, indem er seinem Sohn lediglich eine Überempfindlichkeit des Nervensystems bescheinigt und ihm ein „Müßiggängerdimplom" ausstellte, in dem es heißt, Peter sei fürs normale Berufsleben halt völlig ungeeignet, weshalb er auch nicht zu einer geregelten Arbeit gezwungen werden dürfe. Als Therapie schlägt der Doktor zu Peters Freude regelmäßige Aufenthalte in Wiener Cafés vor, so etwa im Café Griensteidl, Café Central usw. usw., die er in der folgenden Hymne auch enthusiastisch besingt:

Du hast Sorgen, sei es diese, sei es jene – – – ins Kaffeehaus!
Sie kann aus irgendeinem, wenn auch noch so plausiblen Grunde
nicht zu dir kommen – – – ins Kaffeehaus!
Du hast zerrissene Stiefel – – – Kaffeehaus!
Du hast 400 Kronen Gehalt und gibst 500 aus – – – Kaffeehaus!
Du bist korrekt sparsam und gönnst Dir nichts – – – Kaffeehaus!
Du bist Beamter und wärest gern Arzt geworden – – – Kaffeehaus!
Du findest Keine, die Dir paßt – – – Kaffeehaus!
Du stehst innerlich vor dem Selbstmord – – – Kaffeehaus!
Du haßt und verachtest die Menschen und kannst sie
dennoch nicht missen – – – Kaffeehaus!
Man kreditiert Dir nirgends mehr – – – Kaffeehaus!

Für Bayern käme in aussichtlosen Situationen statt „Kaffeehaus" eher das „Hofbräuhaus" in Frage.

gegoogelt

im internet
ein mutmachgedicht heruntergeladen
dann noch eins
und noch eins
und noch eins
eins beschissener als das andere
ich war ganz geladen

und dann fand ich dies:

he, kleiner schwächling!
willst du, dass an
deinen händen auch
mal stärke klebt?
schäl kartoffeln!

und dann fand ich das:

he, großer starker!
willst du, dass aus
deinen augen auch
mal tränen kullern?
schneide Zwiebeln!

da ging ich
in die Küche

Funktionsweise sozialer Systeme

Wie sich Parteien und Regierungen bezüglich sozialer Gerechtigkeit verhalten, lässt sich ganz einfach an folgendem Beispiel erklären:

Ein Mann besitzt zwei Kühe, sein Nachbar besitzt keine.

Ist dieser Mann ein Christdemokrat, behält er eine Kuh und schenkt die andere seinem armen Nachbarn. Danach bereut er es.

Besteht eine sozialistische Regierung, so nimmt diese dem Mann eine Kuh ab und gibt diese seinem Nachbarn. Dann wird der Mann gezwungen, eine Genossenschaft zu gründen, um seinem Nachbarn bei der Tierhaltung zu helfen.

Besitzen Sie als Sozialdemokrat zwei Kühe und Ihr Nachbar besitzt keine, dann fühlen Sie sich schuldig, weil Sie erfolgreich arbeiten. Sie wählen deshalb Leute in die Regierung, die Ihre Kühe besteuern. Um die Steuern bezahlen zu können, müssen Sie eine Kuh verkaufen. Die Leute, die Sie gewählt haben, nehmen dieses Geld, kaufen eine Kuh und geben diese Ihrem Nachbarn. Sie aber fühlen sich rechtschaffen. Udo Lindenberg singt für Sie.

Wenn Sie als Liberaler zwei Kühe besitzen und Ihr Nachbar besitzt keine, dann denken Sie: Na und?

Unter einer Kommunistischen Regierung werden Ihre beiden Kühe beschlagnahmt. Dann beschließt die Regierung, Ihnen die Milch zu verkaufen. Sie stehen stundenlang für die Milch an. Als sie Milch bekommen, ist sie sauer.

Als Kapitalist verkaufen Sie eine der beiden Kühe und kaufen dafür einen Bullen, um eine Herde zu züchten.

Leben Sie in der EU, dann nimmt ihnen die EU beide Kühe ab, tötet eine, melkt die andere, bezahlt Ihnen eine Entschädigung aus dem Verkaufserlös der Milch und schüttet diese dann in die Nordsee.

Sind Sie der Inhaber eines amerikanischen Unternehmens und besitzen Sie zwei Kühe, dann verkaufen Sie eine, die sie anschließend zurückleasen. Sie gründen eine Aktiengesellschaft und zwingen die beiden Kühe, das Vierfache an Milch zu geben. Sie wundern sich, als eine tot umfällt. Sie geben eine Presseerklärung heraus, in der Sie behaupten, Sie hätten Ihre Kosten um 50% gesenkt, worauf Ihre Aktien sprunghaft steigen.

Das Oadelwoass

Wie das bayerische Gedicht eines Preußen, der glaubt, die bayerische Mundart zu beherrschen, klingen würde, zeigte der Dichter Hanns von Gumppenberg (1866–1928) mit seiner „Oadelwoass"-Ode, die seither jeder Preuß auswendig hersagen kann.

O Berg – euch liab' ich allezoat,
Ja selbscht im Winta, wenn es schnoat!
Ich grüaß' den roanen Sunnenschoan,
Und stoag' ins stoale G'wänd hinoan:
Da wer'n miar wohl die Woadel hoaß,
Doch grüaßt mich z'letzt oan Oadelwoaß,
Oan Oadelwoaß!

O Liad, gediachtet still dahoam,
Wie g'froat von diar mich jeda Roam!
Jetzt kling' von Berg zu Bergen woat,
Zum Proas der Alpenherrlichkoat!
Und singt dich d'Senn'rin hoch am Oas,
Dann bist auch du oan Oadelwoaß,
Oan Oadelwoaß!

Erlebnis in Bad Tölz

Ein Mann läuft mit einem jungen Schimpansen durch Bad Tölz. Er will in eine Bäckerei. Da er das Tier nicht mit reinnehmen darf, fragt er eine junge Frau vor dem Geschäft, ob sie auf das Äffchen kurz aufpassen würde. Die Frau macht das gerne und spielt mit dem Baby. Da kommt eine ältere Dame vorbei und fragt die junge Frau: „Von wem haben Sie denn den?! – „Den hab ich!, sagt die junge Frau, „von einem Bad Tölzer." – „Und hat man das", staunt die die ältere Dame, „auf dem Ultraschall nicht gesehen?"

Lebenskünstler

Ein Mann, der es versteht,
der Langeweile zu entgehen,
ohne deswegen die Arbeit
zu Hilfe nehmen zu müssen.

Der Gesang der Vegetarier

Erich Mühsam, der für einen „literarischen Anarchismus" stand, betätigte sich auch als Herausgeber der Zeitschriften „Kain. Zeitschrift für Menschlichkeit" und „Fanal" und als Verfasser von Satiren für die Zeitschriften „Simplicissimus" und „Ulk" und schrieb selbst etliche satirische Gedichte dafür, darunter „Der Gesang der Vegetarier – Ein alkoholfreies Trinklied (zu singen nach der Melodie „Immer langsam voran)“:

Wir essen Salat, ja wir essen Salat
Und essen Gemüse von früh bis spat.
Auch Früchte gehören zu unsrer Diät.
Was sonst noch wächst, wird alles verschmäht.
Wir essen Salat, ja wir essen Salat
Und essen Gemüse von früh bis spat.

Wir sonnen den Leib, ja wir sonnen den Leib,
Das ist unser einziger Zeitvertreib.
Doch manchmal paddeln wir auch im Teich,
Das kräftigt den Körper und wäscht ihn zugleich
Wir sonnen den Leib und wir baden den Leib,
Das ist unser einziger Zeitvertreib.

Wir hassen das Fleisch, ja wir hassen das Fleisch
und die Milch und die Eier und lieben keusch.
Die Leichenfresser sind dumm und roh,
Das Schweinevieh – das ist ebenso.
Wir hassen das Fleisch, ja wir hassen das Fleisch
und die Milch und die Eier und lieben keusch.

Wir trinken keinen Sprit, nein wir trinken keinen Sprit,
Denn der wirkt verderblich auf das Gemüt.
Gemüse und Früchte sind flüssig genug,
Drum trinken wir nichts und sind doch sehr klug.
Wir trinken keinen Sprit, nein wir trinken keinen Sprit,
Denn der wirkt verderblich auf das Gemüt.

Wir rauchen nicht Taback, nein wir rauchen nicht Taback,
Das tut nur das scheussliche Sündenpack.

Wir setzen uns lieber auf das Gesäss
Und leben gesund und naturgemäss.
Wir rauchen nicht Taback, nein wir rauchen nicht Taback,
Das tut nur das scheussliche Sündenpack.

Wir essen Salat, ja wir essen Salat
Und essen Gemüse von früh bis spat.
Und schimpft ihr den Vegetarier einen Tropf,
So schmeissen wir euch eine Walnuss an den Kopf.
Wir essen Salat, ja wir essen Salat
Und essen Gemüse von früh bis spat.

Karl Valentin und der Fasching

Mit dem Fasching hat er aber immer seine Probleme gehabt, der Valentin, so wie alle Münchner, und das von Klein auf. Trotzdem hat er bereits als 17jähriger im Jahre 1899 am Münchner Faschingszug teilgenommen. Er dekorierte einen Wagen und nannte ihn „Gasthaus zum stinkenden Alisi“. „Mit diesem Fahrzeug“, notierte er selbst, „reihten wir uns in den großen Faschingszug ein. ... Wir wollten unserem Firmenschild alle Ehre machen und darum hatten wir für eine Vorrichtung gesorgt, durch die während der ganzen Fahrt Schwefel-Ammonium auslief und seine furchtbare Wirkung in Münchens Straßen zeigte. Der Wagen stank tatsächlich drei Stunden gegen den Wind, wie die Bauern sagen.“ Den Münchnern soll dieser Vorfall noch Monate später furchtbar gestunken haben.

1934 beteiligte sich Valentin abermals unter dem Titel „Eine Valentinade – Idee, An- und Ausfertigung von Karl Valentin und Liesl Karlstadt“ in der „Gruppe 122“ mit einem eigenen Wagen am Münchner Faschingszug. Die Zeitung schrieb darüber folgendes: „Der treffendste Witz unter den Faschingsspäßen war der Wagen des Münchner Humoristen Karl Valentin. Ein stattlicher Wagen, halb leer, mit Farbtiegeln, Maßkrügen und anderen Werkzeugen, Gestänge und Gerümpel." An der Seite hing windschief ein Schild mit der Bemerkung: „Entschuldigens, wir sind mit dem Wagen nicht fertig 'worn!" „Daß der Münchner wirklich Humor besitzt", meinte Valentin in diesem Zusammenhang, „das sieht man alljährlich beim Faschingszug. Wie ausgelassen gebärdet er sich dabei, Heiterkeit und Fröhlichkeit kann er nicht zügeln. Und wenn auch Auswärtige behaupten, die Münchener benähmen sich beim Karnevalszug genauso wie bei einem Leichenzug, das irritiert den Münchener nicht im geringsten, er läßt sich in seiner Gemütlichkeit und in seinem angeborenen Humor nicht bändigen, denn er weiß, nur einmal im Jahr ist Fasching – und da will er lustig sein – wenn's ihm auch schwer fällt."

Sogar während des Dritten Reiches zeigte sich Valentin 1937 erneut mit einem Festwagen auf dem Faschingsumzug. Diesmal türmte sich auf seinem Gefährt ein Verkehrsschilderchaos. Darunter stand – wohl in Anspielung auf die wirren politischen Verhältnisse: „I kenn mi nimmer aus." Mitten zwischen den Ver- und Gebotsschildern ragte ein einsamer Wegweiser hoch mit der für die damalige Zeit gefährlichen Aufschrift: „Nach Dachau".

Valentin begab sich auch einmal auf einen Maskenball der Kammerspiele ins Deutsche Theater. Ihn lockte vor allem die Ankündigung, dass demjenigen Teilnehmer eine Prämie von 100 Mark winkte, der dazu in der originellsten Maske erscheinen würde. „Die 100 Markl spürte ich schon in meiner Brusttasche", notierte Valentin in seinen Erinnerungen, „denn das originellste Maskenkostüm hatte ich – einen Taucheranzug. Als Taucher ist doch sicher noch niemand auf einen Maskenball gegangen – und ich ging. Aber es war eine Täuschung meinerseits. Was es eigentlich für eine Arbeit ist, einen Taucheranzug anzuziehen, das weiß nur ein Taucher. Eine volle Stunde arbeiteten zwei Personen an mir, bis der Taucheranzug, der aus einem Stück gearbeitet ist, angezogen war."

Zu Valentins Ausrüstung gehörten – neben dem Anzug als solchem – ein schwerer Helm, der auf den Anzug festgeschraubt werden mußte, etliche Schläuche und „Luftapparate“ sowie „30 Pfund schwere Bleischuhe“. Schließlich stand Valentin „fix und fertig“, wie er gestand, „als Tiefseetaucher in der Garderobe des Deutschen Theaters.“ Der Ball hätte nun auch für ihn beginnen können, aber – die Umkleideszene hatte dummerweise im dritten Stockwerk stattgefunden, aus dem nun der einfallsreich maskierte Komiker ins Parterre gebracht werden mußte, um dort den Preis zu empfangen, der ihm schon sicher schien. Diesem dabei stattfindenden Lustspiel gab Valentin später den Titel „Der Taucher im Stiegenhaus“ und er war überzeugt, daß selbst bei einem Eintritt von fünf Mark die Vorführung ausverkauft gewesen wäre.

Die Szene spielte auf zwei Ebenen: drinnen im Taucheranzug und draußen im Treppenhaus. Drinnen schwitzte, schnaubte, fluchte und schimpfte Karl Valentin und draußen zerrten seine Begleiter ein außerirdisch anmutendes Monster nach unten, wobei sie und alle, die den Transport miterleben durften, sich krumm und bucklig lachten. „Ich frettete mich bis in das Parterre“, so Valentin, „stieß an allen Ecken und Enden an und war endlich im Tanzsaal angekommen. Aber welch ein Malheur – die Polonäse, bei welcher die Maskenprämiierung stattfand, war längst vorbei, und man tanzte schon den dritten Walzer. Wer konnte verlangen, daß ich in diesem zwei Zentner schweren Taucheranzug im Walzertempo dahinschwebe? In Schweiß gebadet verließ ich mit meinen zwei Führern den Tanzsaal, und nun kam das Denkwürdige an der Sache. Naturgemäß steigt der Taucher immer in die Tiefe, nun mußte der Taucher ausnahmsweise mal in die Höhe steigen und zwar in die drei Stock hohe Garderobe zurück. Niemand, auch ich nicht, dachte daran, daß ich mich doch auch im Parterre hätte ausziehen können, erst als wir glücklich im dritten Stock angelangt waren, leuchtete uns das ein.“

Nach einer weiteren halben Stunde hatte sich Valentin schließlich wiederum des originellen Kostüms entledigt und saß dann „erschöpft, zerknittert und ermattet da“ und dabei wurde ihm schlagartig klar, „daß ein Taucher nur ins Wasser gehört und niemals in einen Tanzsaal!“

Wie sagte doch Karl Valentin: „Zum Spaß, mei Liaber, ist der Münchener Fasching net da, da hört sich der Spaß auf! Und amüsieren wannst di willst, hättst halt heimgehn solln, zu deiner Altn, die amüsiert si nacha scho, wanns dir die Konfetti aus deim Mantel und deine Hosentascherln und aus jeden Knopfloch einzeln wieder rausklaubn und bürstn ko! Mit was, Herr Nachbar, sollst di vielleicht amüsiern, wannst net amoi Konfetti hast? Mitn Herzn? A, geh weiter mit so an Schmarrn! Zu was brauchst denn nacha no's Herz a, wannst scho a Konfetti hast …!“

Träumerei

Mia hot traamt, dass i a Vogl bin,
fliag weit rum und hock mi na ins Nestal nei,
rutsch a bissl her und hin,
mach die Augn zua und schlaf glei ei.

Mia ois Vogl hot na traamt, i bin a Mensch.
Wia i aufgwacht bin, da woaß i net und des is gwiß,
bin i jetz a Vogl, dem grod traamt hot,
i waar jetz a Mensch
oder bin i jetz a Mensch, dem traamt hot,
dass er jetz a Vogl is.

Wia i no so nochdenk, werd i wieda müad,
hob die Augn zuagmacht und schlaf wieder ei,
und dann hot mir traamt, dass i a kloana Vogl bin,
und i fühl mi leicht und vogelfrei.

I fliag umanand und werd na wieda müad,
mach die Augn zua und des ist sonderbar,
was bin i jetz eigentlich, i kenn mi nimmer aus,
traam, i bin a Mensch, aa wenn i grod a Vogl war.

Lang no draam i so im Kreis rum,
woaß am End nix mehr, a so a Gschiß.
Bin i jetzt a Vogl, der a Mensch moi war,
oder bin i jetz a Mensch, der moi a Vogl gwesn is.

Vogl, Mensch, wos soi i sei?
I bin hundsmiad und schlaf wieder ei.
Irgendwos oder aa irgendnix
werd i irgendwo und irgendwann
irgendwia scho irgendamoi sei.

Das Märchen vom Wahnsinn

Eines Tages entschloss sich der Wahnsinn, seine Freunde zu einer Party einzuladen. Als sie alle beisammen waren, schlug die Lust vor, Verstecken zu spielen.

„Verstecken? Was ist das?“ fragte die Unwissenheit.

„Verstecken ist ein Spiel: einer zählt bis 100, der Rest versteckt sich und wird dann gesucht“, erklärte die Schlauheit.

Alle willigten ein bis auf die Furcht und die Faulheit.

Der Wahnsinn war wahnsinnig begeistert und erklärte sich bereit, zu zählen. Das Durcheinander begann, denn jeder lief durch den Garten auf der Suche nach einem guten Versteck. Die Sicherheit lief ins Nachbarhaus auf den Dachboden, man weiß ja nie. Die Sorglosigkeit wählte das Erdbeerbeet. Die Traurigkeit weinte einfach so drauf los. Die Verzweiflung auch, denn sie wusste nicht, ob es besser war sich hinter oder vor der Mauer zu verstecken.

„...98, 99, 100!“ zählte der Wahnsinn. „Ich komme euch jetzt suchen!“

Die erste, die gefunden wurde, war die Neugier, denn sie wollte wissen, wer als erster geschnappt wird und lehnte sich zu weit heraus aus ihrem Versteck. Auch die Freude wurde schnell gefunden, denn man konnte ihr Kichern nicht überhören. Mit der Zeit fand der Wahnsinn all seine Freunde und selbst die Sicherheit war wieder da.

Doch dann fragte die Skepsis: „Wo ist denn die Liebe?“

Alle zuckten mit der Schulter, denn keiner hatte sie gesehen.

Also gingen sie suchen. Sie schauten unter Steinen, hinterm Regenbogen und auf den Bäumen. Der Wahnsinn suchte in einem dornigen Gebüsch mit Hilfe eines Stöckchens. Und plötzlich gab es einen Schrei! Es war die Liebe. Der Wahnsinn hatte ihr aus Versehen das Auge rausgepiekst. Er bat um Vergebung, flehte um Verzeihung und bot der Liebe an, sie für immer zu begleiten und ihre Sehkraft zu werden. Die Liebe akzeptierte diese Entschuldigung natürlich.

Seitdem ist die Liebe blind und wird vom Wahnsinn begleitet.

Die Gedankn san frei

Meine Gedankn san frei, die g’hörn nur mia,
ein anderer Mensch, der errat die ja nia,
bohrt er noch so in mi und macht mich fast hi.
Was i denk, liaba Mo, des geht dich nix o.

I denk, was i wui und des was i mag.
In da Nacht denkts in mir und genauso am Tag
und des, wos i denk, lass i mir net verbietn,
denn die Gedankn, o mei, war’n oiwei scho frei!

Und sperrat ma mi in a Zuchthaus aa nei,
des macht mir nix aus, denn im Kopf bin i frei,
Was i denk, meine Herrn, des konn koana eisperrn.
Was i denk in meim Hirn, kann koa Mauer blockiern.

Ich mag a Mass Bier und a Deandl im Arm,
'ʼs Bier macht mi rauschig und 's Deandl schee warm.
Wenn i dann so sinnier bei meina Mass Bier,
sagt's aufoamoi in mir: Was du denkst, des ghört dir!

Auf da Welt kann man dir alles Mögliche rauben:
dein Besitz, dei G'sundheit, die Hoffnung, den Glauben
Doch eines bleibt, was sonst immer auch sei,
in deim Kopf die Gedankn bleibn oiwei frei.

CSU

Die CSU und Bayern gehören so eng zusammen wie Oktoberfest und Bier. Da berauscht sich eines am andern. Aber es gibt auch Fälle, wo ein Bayer aus dieser Partei austritt.

Ein Urbayer liegt im Sterben. Der Pfarrer nimmt ihm die letzte Beichte ab. Als sie beendet ist, hat der Sterbende noch etwas auf dem Herzen. „Hochwürden", stößt er mühsam hervor, „oans druckt mi no, i bin gestern aus der CSU austretn." Der Pfarrer beruhigt ihn: „In deinem Zustand is des ned so schlimm." – „Aber da is no was", fährt der Bayer fort, „i bin danach glei in d' SPD eitretn." Der Pfarrer erschrickt: „Ja, warum denn des?" – „Mei," seufzt der Mann, „i hab mir halt denkt, es is gscheiter, wenn oana von dene stirbt wia oana von uns."

Ein Mann alleine –

Der Dichter Alexander Roda Roda (1872–1945) trat in den 1920er-Jahren mit seinen Texten in Schwabinger Künstlerkneipen auf, so in der „Brennnessel“, in der „Torggelstube“ oder im „Cafe Stefanie“, wo er sich als leidenschaftlicher Schachspieler auch nach kompetenten Gegnern umsah. Seine Überzeugung war:

Es gibt zwei schöne Dinge auf der Welt:
Erinnern und Vergessen.
Und zwei häßliche:
Erinnern und Vergessen.

Seine oft nur wenige Zeilen umfassenden Gedankenblitze erfreuten sich großer Beliebtheit, so etwa:

Ein Mann alleine – Lyrik.
Zwei Männer – Ballade.
Ein Mann und eine Frau – Novelle.
Zwei Frauen und ein Mann – Roman.
Zwei Männer und eine Frau – Drama.
Zwei Männer und zwei Frauen – Lustspiel.

Ehemarterl

Der Dichter Otto Julius Bierbaum (1865 – 1910) gehörte zu den ersten Mitarbeitern der berühmten Satire-Zeitschrift „Simplicissimus“. Bierbaum kannte auch den bayerischen Brauch, an Orten, an denen ein Unglück passierte, kleine Gedenktafeln, sogenannte

„Marterln", aufzustellen. In Erinnerung an dieses Brauchtum verfasste er den folgenden Ehemarterl"-Spruch, den er dem Bauern und Ehemann Bums Bärlaatsch, in den Mund schoib.

Hier fiel ich, steh, Wandrer, und bet ein Gebet,
In die Hände meiner Frau, der Anna Margreth;
Es war am fünfundzwanzigsten Mai,
Als ich ging an diesem ††† Baume vorbei,
Hinter dem sie ganz von ungefähr stand;
Ich sagte Guten Abend und gab ihr die Hand.
Damals war ich ein Junggesell,
Und deshalb verliebte ich mich sehr schnell;
Sie behauptete von sich selber das Gleiche
Und verlangte, dass ich die Hand ihr reiche
Nächstens und schleunigst auch am Altar,
Der zufällig hier in der Nähe war.
Und deshalb, weil dieses wirklich geschehn,
Sag ich: Oh Wandrer, bleibe hier stehn,
Bedenke der Freiheit Vergänglichkeit,
Bet ein Gebet und bleibe gescheit.

Bums Bärlaatsch, Bauer und Ehemann,
Der ein Wort davon mitreden kann.

Semmelknödel oder Semmel N knödel N?

Sollten Sie in einem Münchner Wirtshaus oder Restaurant „Semmelknödel mit Schwammerl" bestellen wollen, dann bestellen sie bitte niemals „Semmelknödel", sondern immer nur „Semmelnknödeln" – also bitte die beiden n beachten! –, auch wenn der Ober sagt: „Was denn? Semmelknödel sind Semmelknödel!"

In diesem Fall korrigieren Sie ihn bitte, wie das Valentin bei seiner Partnerin Liesl Karlstadt getan hat, als diese zu ihm sagte: „Semmelknödel sind Semmelknödel!" Da fiel ihr jedoch Valentin sofort ins Wort und rief: „deln!"

K: Was ‚deln'?

V: Semmelnknödeln heißt's!

K: Ich hab ja g'sagt: Semmelknödel.

V: Nein: Semmelnknödeln!

K: Nein, man sagt schon von jeher: Semmelknödel.

V: Ja, zu einem – aber zu mehreren Semmelknödel sagt man: Semmelnknödeln.

K: Aber wie tät' man denn zu einem Dutzend Semmelknödel sagen?

V: Auch Semmelnknödeln. – Semmel ist die Einzahl, das mußt Dir merken, und Semmeln ist die Mehrzahl, das sind also mehrere einzelne zusammen. Die Semmelnknödeln werden aus Semmeln gemacht, also aus mehreren Semmeln; Du kannst nie aus einer Semmel Semmelnknödeln machen.

K: Machen kann man's schon.

V: Ja, ja, machen schon; aber wenn Du aus einer Semmel 10 Semmelnknödeln machen tätst, dann würden die Semmelnknödeln so klein wie Mottenkugeln. Dann würde das Wort Semmelknödel schon stimmen, weil s' bloß aus einer Semmel sind. Aber solang die Semmelnknödeln aus mehreren Semmeln gemacht werden, sagt man unerbitterlich: Semmelnknödeln!

K: Du sagst es aber auch nicht richtig; jetzt hast grad g'sagt: Semmelnknödeln.

V: Nein, ich hab g'sagt: Semmelnknödeln.

K: Richtig muß es eigentlich Semmelnknödeln heißen; die Semmel muß man betonen, weil die Knödel aus Semmeln gemacht sind – – – überhaupt, das Wichtigste ist der Knödel; Semmelnknödeln müßt es ursprünglich heißen!

V: Nein, das Wichtigste ist das n zwischen Semmel und Knödeln.

K: Ja, wie heißt es dann bei den Kartoffelknödeln?

V: Dasselbe! n – ! Kartoffelnknödeln!

K: Und bei den Schinkenknödeln? Ah – hahaha –

V: Da ist's genauso; da ist das n schon zwischendrin. Es gibt keine Knödeln ohne n.

K: Doch, die Leberknödeln!

V: Ja, stimmt! – Lebernknödeln kann man nicht sagen!

Und seither bestellt man in den Wirtshäusern und Restaurants in München und Bayern stets „Semmelnknödeln", „Kartoffelnknödeln" und natürlich auch „Schinkenknödeln", aber niemals „Lebernknödeln", sondern immer nur „Leberknödeln".

Die drei Schüler

Der Dichter Nikolaus Lenau (1802–1850) schrieb vor über 100 Jahren das Gedicht „Die drei Zigeuner“, das mich anregte, aus den drei Zigeuner drei Schüler zu machen.

Drei Schüler sah ich einmal
liegen im Stadtpark drin,
als mein Auto mit müder Qual
schlich zur Schule hin.

Steckte der eine sich hinein
Kopfhörer in das Ohr,
spielte, umglüht von Sonnenschein,
sich heiße Rockmusik vor.

Eine Zigarette hatte der zweite im Mund,
blickte nach ihrem Rauche,
froh, als ob er vom Erdenrund
nichts zum Glücke mehr brauche.

Und der dritte behaglich schlief,
die Schultasche am Baume hing,
über das Leder der Windhauch lief,
über sein Herz ein Traum ging.

An den Kleidern trugen die drei
Löcher und bunte Flicken,
aber sie boten trotzig frei
Spott den Erdengeschicken.

Dreifach haben sie mir gezeigt,
wenn das Leben uns nachtet,
wie man's verraucht, verschläft, vergeigt,
und es dreimal verachtet.

Nach den Schülern lang noch schaun
mußt' ich im Weiterfahren,
bald hätte ich gerammt einen Baum
mit meinem rostigen Karren.

Ich fuhr dann vergrämt zur Schule hin,
in der die drei Schüler heut' fehlten,
und wo ich als Lehrer angestellt bin,
und die Schüler mich täglich quälten.

Lachen ist gesund!

Der Kabarettist Werner Fink meinte einmal: „Wer andere zum Lachen bringen kann, muss ernst genommen werden; das wissen auch alle Machthaber." Bekanntlich ist der Mensch im Allgemeinen ernst. Ihn in dieser Gemütsverfassung beharren zu lassen, ist deshalb nicht besonders schwierig. Ihn aber zu einer Gemütsveränderung zu bewegen, die Lachen provoziert, ist gar nicht so einfach. Dann erinnert Lachen sogar an eine Geiselnahme, man muss es nämlich immer auslösen. Bisweilen lässt es auch an einen gerissenen Gefängnisinsassen denken und zwar dann, wenn es ohne Vorwarnung ausbricht. Lachen ist der Klang der Seele und die kürzeste Entfernung zwischen Menschen. Es ist nicht der schlechteste Anfang einer Freundschaft und bei weitem das beste Ende. Neulich las ich an einer Betonmauer den befolgenswerten aufgesprayten Spruch: „Lacht kaputt, was euch kaputt macht!“ Wenn dem Menschen am Ende seines Lebens ein Lächeln übrigbleibt, meinte ein Weiser, dann ist das ein sehr anständiger Reingewinn.

Es gibt verschiedene Arten zu lachen. Von jemandem, der in Bayern ein breites Lachen zeigt, heißt es: „Wenn der lacht, freu’n sich seine Ohr’n, dass sei Mai (sein Mund) auf Bsuach kimmt.“ Lässt jemand hingegen ein boshaftes Gelächter ertönen, fällt leicht die Bemerkung: „Du hast ein Lachen wie ein Gartenschlauch, so lang, so dreckat und überall im Weg.“ Abgehacktes Lachen wird hier so beschrieben: „Der lacht, wie wenn a Wäscheklupperl (eine Wäscheklammer) ’s Stiangglander (Stiegengeländer) nunter rutscht.“ Zu Leuten, deren Lachen einem unkontrollierten Schmerzensschrei gleicht, sagt man: „So wie du lachst, so hat mei Opa gewoant, wia s’n ins Altersheim steck’n wollt’n.“ Raues Gelächter provoziert hier schließlich das Urteil: „Der lacht, als hätt er an Presslufthammer verschluckt, der noch nicht ausgeschoit war.“ Lachen ohne Anlass ist immer eine pure Dämlichkeit. So wurde eine Frau, die am Abend zuvor Strindbergs „Totentanz“ im Theater gesehen hatte, von ihrer Nachbarin gefragt, wie es ihr denn gefallen habe. „No ja,“ meinte sie verschämt, „ma lacht halt.“ Diese Frau zählte zweifellos zu den Leuten, die lachen, weil sie glauben, dass gelacht werden müsste.

Aus dem sparsamen Schottland stammt die preisgünstige Weisheit: „Ein Lächeln kostet weniger als elektrischer Strom, gibt aber mehr Licht.“ Kein übler Gedanke: Lächeln als neuer Weg aus der Energiekrise. Die Ostfriesen sollen hingegen dem Vernehmen nach recht selten lachen, weil sie nicht für vergnügungssüchtig gehalten werden wollen. Auf keinen Fall sollte man ihnen an einem Freitag einen Witz erzählen, weil sie dann am Sonntag in der Kirche unvermutet einen Lachkrampf bekommen. Ostfriesen lachen spontan höchstens, wenn es donnert und blitzt, weil sie dann glauben, fotografiert zu werden. Ja, und im Alter lachen sie auch ab und zu, weil sie dann nach und nach die Witze verstehen, die man ihnen in ihrer Kindheit erzählt hat. Wenig bekannt ist, warum sich die Österreicher so gerne einen Ast lachen. Sie versuchen, auf diese ungewöhnliche, wenngleich erfolglose Weise, das Waldsterben zu stoppen.

Erfahrungsgemäß hängen Lachen und Weinen eng zusammen. So lässt sich krampfhaftes Lachen oft nur durch eine kräftige Ohrfeige in krampfhaftes Weinen verwandeln. Geschieht das nicht, lachen sich die Krampflacher leicht schief, dann krumm und kurz darauf krank. Erst, wenn sie sich tot gelacht haben, sind sie erlöst. Bereits unsere Vorfahren erkannten relativ früh die therapeutische Wirkung des Lachens. So wurde im Mittelalter der Ostergottesdienst dadurch bereichert, dass die Priester zum Abschluss der Festliturgie von der Kanzel herab eine lustige Geschichte erzählten, die bei den Gläubigen das befreiende „Ostergelächter", „risus paschalis" genannt, auslöste. Damit war endgültig die ernste Fastenzeit beendet und die Fröhlichkeit feierte ihre Auferstehung.

Pfadfinder kennen den indonesischen Spruch: „Wer einen Menschen zum Lachen bringt, tut ein gutes Werk." Sie bringen deshalb täglich die Leute zum Lachen. Pfadfinderspäße gehören heute zum unvergänglichen Lachschatz der Welt. So bot einmal ein Pfadfinder einer betagten Dame, die er – wie üblich gegen ihren Willen – über die Straße geführt hatte, als Wiedergutmachung ein Stück Türkenschokolade an. Die Dame fragte irritiert: „Mein Junge, was ist denn Türkenschokolade?" „Na, Knoblauch-Nuß", grinste das Bürschchen. Die alte Dame bekam daraufhin einen Lachkrampf und musste von dem Pfadfinder auf dem schnellsten Weg ins Krankenhaus gebracht werden. Damit hatte er an diesem Tag gleich seine zweite gute Tat vollbracht.

Wie alles im Leben, hat auch das Lachen seine dunklen Seiten. So gibt es Arten zu lachen, die wie Falschgeld klingen. Unangenehm wirken auch schadenfrohes oder dreckiges Grinsen, boshaftes oder drohendes Kichern sowie bösartiges oder teuflisches Zahnfleischentblößen mit zusätzlicher Parodontose-Schockwirkung. So sind die galligsten Augenblicke etwa in Horrorfilmen jene, in denen die Monster zu lachen versuchen. Wie entzückend grient doch der

Glöckner von Notre Dame, wenn er siedendes Blei auf seine Feinde gießt oder der Riesengorilla King-Kong, wenn er die weiße Frau mit dem kleinen Finger neckt oder auch der Weiße Hai, bevor er die schmackhaften Badenixen anzuknabbern beginnt oder Politiker, wenn sie ..., aber ich greife da zu weit voraus.

Lachfaule lassen heutzutage lachen. Dazu bedienen sie sich des Lachsackes. Dieser ästhetisch geformte Sack ähnelt in verblüffender Weise der menschlichen Figur. Viel Kopf ist bei ihm nicht gefragt, wichtig ist der Bauch. Zusammengekauert lauert er auf jedes Witzchen, um auf Knopfdruck in ein sardonisches Gelächter auszubrechen. Eine alptraumhafte Vorstellung ist, wenn alle Zuschauer in einem Theater nicht mehr selbst lachen würden, sondern nur noch den Lachsack benutzten. Ohne jegliche Regung im Gesicht säße dann das Publikum da und aus allen Lachsäcken quäkte es lautstark durch den Saal. Problematisch wäre nur, wenn bei ernsten, rührenden Stellen, bei dem einen oder anderen aus Versehen der Lachsack losröhren würde, der womöglich auch durch gutes Zureden nicht mehr zu drosseln wäre.

Apropos „Drosseln". Die lachen nicht. Im Tierreich gibt es überhaupt nichts zu lachen, seit es Menschen gibt. Lachmöwen und Lachtauben können zwar nicht anders, obwohl ihnen gar nicht danach zu Mute ist. Und wenn Hunde und Schimpansen die Zähne zeigen, lachen sie nicht, sondern drohen. Auch bei den meist mechanisch gut gelaunten Spitzenpolitikern hat sich dieses Gebissentblößen als gewinnende Angriffsform evolutionär bis heute erhalten. In diesem Zusammenhang möchte ich an die meist unbekannte Doktorarbeit eines gewissen Textor aus dem Jahre 1776 verweisen mit dem Titel: „Über große Männer, die sich totgelacht haben." Schade, dass das heute bei den Politikern nicht mehr klappen will.

Garantierten Lacherfolg gibt es übrigens nur, wenn man Chef ist und seinen Angestellten einen Witz erzählt. Und noch eines sollte man sich merken: Witz lacht. Humor lächelt. Satire aber kennt keinen Spaß. Trotz allem: Lachen ist der Geigerzähler von Witz, Humor und Satire.

Mäuse im Kirchturm

Der Pfarrer schoss auf sie,
doch es waren nur
lauter Löcher im Dach.

Da fing er sie in einer Falle
und fuhr sie in den Wald.
Als er zurückkam,
waren sie wieder da.

Da taufte und firmte er sie.
Seitdem
warn sie verschwunden.

Was in der Firma passieren kann

In einer Firma war seit zwei Monaten eine junge Dame als Assistentin des Abteilungsleiters beschäftigt. Eines Tages schrieb der Abteilungsleiter dem Firmenschef folgende Mail:

Sehr geehrter Herr Direktor!

Meine Assistentin, Fräulein Huber, ist immer dabei,
eifrig ihre Arbeit zu tun, und das mit großer Umsicht, ohne jemals
ihre Zeit mit Schwätzchen mit ihren Kollegen zu verplempern. Nie
lehnt sie es ab, anderen zu helfen, und trotzdem
schafft sie ihr Arbeitspensum; und sehr oft bleibt sie länger
im Büro, um ihre Arbeit zu beenden. Manchmal arbeitet sie sogar

in der Mittagspause. Meine Assistentin ist jemand ohne Überheblichkeit in Bezug auf ihre große Kompetenz und überragenden Computerkenntnisse. Sie ist eine der Mitarbeiterinnen, auf die man stolz sein kann und auf deren Arbeitskraft man nicht gern verzichtet. Ich denke, dass es Zeit wird für sie, endlich befördert zu werden, damit sie nicht auf den Gedanken kommt, zu gehen. Die Firma kann davon nur profitieren.

Hochachtungsvoll
Karl Zeisler
Abteilungsleiter

Ein paar Stunden später erhielt der Firmenchef vom Abteilungsleiter eine zweite E-Mail.

Sehr geehrter Herr Direktor,

als ich vorhin meine erste E-Mail an Sie geschrieben habe, hat meine Assistentin, Fräulein Huber – diese neugierige Schlampe – dummerweise neben mir gestanden.
Bitte lesen Sie meine erste Nachricht noch einmal – beginnend ab der ersten Zeile – dann aber bitte ich sie, nur jede zweite weitere Zeile zu lesen.

Vielen Dank!

Hochachtungsvoll
Karl Zeisler
Abteilungsleiter

Beamte arbeitn Hand in Hand

Wiavui Beamte braucht ma,
um oan Nagl in a Wand neizumschlogn?

Ganz einfach, i kanns eich sogn:
Hundert braucht ma.
Oan', der an Nagl an d' Wand hihoit,
oan', der an Hamma in da Hand festhoit
und achtaneinzge,
de wo de Mauer
gegn an Nagl
hi an Hammer schlogn.

Und trotzdem klappts seltn,
weil da Nagl wird meistns vabogn.

Was man so über Bayerische Politiker redet

Im Bayerischen Landtag sind die Toiletten die einzigen Räume, wo man sicher sein kann, dass alle wissen, was sie tun.

Motto vieler bayerischer Landtagsabgeordneter: Man sollte sich nicht durch Tatsachen beirren lassen, wenn man sich mal eine eigene Meinung gebildet hat.

Es gibt in allen Parteien Leute, die nichts tun, aber das richtig gehetzt.

Wenn bayerische Politiker fallen, dann nur nach vorne. Hinter ihnen stehen zu viele, die auf ihren Platz warten.

Viele Gesalbte haben auch in Bayern als Geschmierte begonnen.

Es gibt Politiker, die nichts mit sich zu tun haben wollten, wenn sie wüssten, wie sie wirklich sind.

Im Bayerischen Landtag gibt es Mitglieder, die eigentlich nichts tun als älter zu werden.

Es gibt Minister, die so empfindlich sind, dass sie sich schon schwerverletzt fühlen, wenn nur ein Schatten auf sie fällt.

Das Schlimme ist, wenn einer ans Ruder kommt, hört er meistens sofort zu rudern auf.

Manche Politiker sind so vorsichtig, dass sie sogar ihre Luftschlösser mit Blitzableitern versehen.

Spruch auf der Toilette des bayerischen Landtags: „Wer vorwärts kommen will, muss einen Buckel machen", sagte die Raupe zu ihren Kindern.

In Bayern gibt es Minister, die so unbekannt sind, dass sie sich für den Geheimdienst eigenen würden.

Diskussionen mit Politikern sind Veranstaltungen, bei denen nur ganz wenige nicht aufhören zu denken, aber viele nicht daran denken, aufzuhören.

Es gibt hohe Stellungen, die man am leichtesten in gebückter Haltung erreicht.

Besucher des Bayerischen Landtags klagen immer wieder, sie seien offensichtlich in ein Irrenhaus geraten. Sie vergessen dabei, dass in einem Irrenhaus wenigstens der Direktor und das Pflegepersonal normal sind.

Die einzigen Gipfelgespräche, die wirklich einen Sinn haben, sind die der Bergsteiger.

Ziellos

Wenn der Weg das Ziel ist,
ist das Ziel weg,
doch wenn das Ziel weg ist,
kann der Weg nicht das Ziel sein.

Erschaffung der Dialekte

Nach Erschaffung der Welt schuf Gott am 8.Tag die Dialekte.
Alle waren glücklich.
Der Berliner rief: „Icke habe nen tolln Dialekt, wa?"
Der Hanseate meinte: „Platt snacken ist herrlich!"
Der Kölner sagte: „Ming Dialekt es joldich!"
Der Oberbayer rief: „Mei, i hob an pfundign Dialekt!"
Alle waren glücklich.
Nur für den Oberpfälzer war kein Dialekt mehr übrig.
Da war der Oberpfälzer traurig.
Aber Gott tröstete ihn: „Bou, nou redst hold sou wöi iech!"

Kurze Wichs

Joachim Ringelnatz (1883–1934) gehörte zum Schwabinger Dichterkreis und liebte München und die Bayern, was er auch in seinem Gedicht über die in Bayern so beliebte kurze Lederhose – „Wichs" genannt – zum Ausdruck brachte.

Kurze Wichs, du bist mei Freid
Wegen der Hygiene,
Läßt den Maderln zur Augenweid
Trutzbehaarte, nackte Beene.

Nur ein Mann von Schrot und Korn
Konnte dich erfinden.
Kurze Wichs, du bist von vorn
Wie die Fraun von hinten.

Kurze Wichs, du firmst den Bua,
Und dich liebt ein jeder
Diar rhö holi da jua
Jodelt's dir vom Leder.

Kurze Wichs! – Hei, wie das knallt,
Wenn ich auf dich schlage!
Alles, alles, alles prallt
Ab, wenn ich dich trage.

Der bayerische Jodler

Diese urbayerische Kehlkopfakrobatik haben nicht die Japaner erfunden, als sie eine Bergtour machten und das Radio, das sie dabei hatten, in eine Felsspalte fiel, und einer von ihnen zum anderen gesagt haben soll: „Hol du die Ladio!" Vielmehr entstand das Jodeln, wie so vieles in Bayern, durch einen Streit.

Einmal fuhren zwei Bauern zu einer Wiese, der eine mit einem Odlfass (=Jauchefass), der andere mit einer Mistkarre. Als sie sich begegneten, schrie der eine: „Do odl i!" (= Hier gieße ich die Jauche aus!) Darauf der andere: „Do lod i o!“ (= Da lade ich meinen Mist ab!) Da kam der Dorfgendarm des Weges. Er wollte den Streit schlichten und rief drohend: „Di hol i olle o!“ (= Die beiden hole ich alle ab und bringe sie aufs Revier.)

Bald ging die Schreierei aller drei durcheinander, und das hörte sich dann so an: „Do odl i! Do lod i o! Di hol i olle o! – Do-odl-i-do-lod-i-o-di-hol-i-olle-o …“ Und damit war der bayrische Jodler geboren.

Ein paar Vierzeiler

Auch wer sich
als seines Glückes Schmied fühlt.
sollte dennoch nicht
auf seinem Glück herumschlagen.

Leben ist
die Wartezeit auf den Tod,
die mit mehr oder weniger
sinnvollen Tätigkeiten ausgefüllt ist.

Der Begriff „Tennis-arm“
klingt absurd,
hört man vom Reichtum
mancher Tennisasse.

Teenies sind
junge Mädchen,
die ihre Vergangenheit
noch vor sich haben.

Mancher,
der in sich geht,
wundert sich, dass er
dort niemand antrifft.

„Biologisch“,
ein paradoxes Wort,
ist das Leben
doch niemals logisch.

Es heißt zwar immer:
Der letzte Schrei der Mode,
aber dann
lebt sie doch weiter.

Des Rätsels Lösung

„Ich versteh des nicht“, sagt der Kare zum Lucke „Warum san unverheiratete Frauen meistens schlank, aber Ehefrauen oft so korpulent?“

„Dafür gibt’s doch a ganz einfache Erklärung“, weiß der Lucke. „A unverheiratete Frau geht an den Kühlschrank, findt nix Bsonders und geht ins Bett. A Ehefrau schaut ins Bett, findt nix Bsonders und geht zum Kühlschrank.“

Karl Valentins Wunschhaus

Der Komiker Karl Valentin hatte zwar schon ein eigenes kleines Haus in Planegg, einem Vorort Münchens, aber es war nicht das Haus, das er sich eigentlich wünschte. Denn das hätte nach seinen eigenen Worten so ausgesehen:

„Mein Ideal wäre ein Haus mit vier Sonnenseiten. Die Idee ist nicht neu, aber zu teuer. Ein Dresdener Architekt hat 1925 ein drehbares Glaskugelhaus erfunden, fünfstöckig, eine Million teuer. Ich denke mir das meine viel, viel kleiner, so wie ein Jahrmarktskarussell, ringsum gebogenes Glas und statt der Holzpferde und -schwäne Zimmer, Küche, Bad und Kammer, in der Mitte statt der Drehorgel Zentralheizung. Das Haus müßte vor allen Gefahren geschützt werden. Vom Hochwasser, deshalb die Keller als Schiff gebaut (siehe Arche Noah), bei Erdbeben, Speicherräume sind aus Ballonstoff. Durch einen Druck werden 50 Flaschen Wasserstoff (Helium) in die Speicherräume geblasen, der Speicher füllt sich und hebt das Haus in die Luft, so lange, bis das Erdbeben vorüber ist. Gegen Feuer ist es durch Versicherung und Minimax [ein Feuerlöscher] geschützt. Man kann sein Haus gegen alles schützen – nur nicht gegen den gefräßigen Eisensaurus.“ Mit dem „Eisensaurus“ meinte Valentin Bagger, die mit ihren Schaufeln jedes Haus abreißen können.

Der Dresdener Architekt, den Valentin erwähnt, war übrigens der Architekt Peter Birkenholz (1876–1961). Er entwickelte 1925 tatsächlich ein drehbares Glaskugelhaus, das mit seinen fünf Etagen 30 Meter hoch war. 1927/28 wurde diese avantgardistische Konstruktion in der Ausstellung „Die technische Stadt“ gezeigt, 1939 aber auf Anordnung der NS-Regierung wieder abgerissen.

Abstammung

Die Menschen können unmöglich
von den Affen abstammen.
Bei den Pavianen regieren
nämlich die Klügsten die Horde.

Bayerns größtes Rätsel

Bis heute gilt er als das geheimnisvollste Wesen, das Bayern aufzuweisen hat. Manche bezeichnen ihn sogar als Bayerns heimliches Wappentier. Die einen belächeln ihn als Phantasiewesen, die anderen sind von seiner Existenz überzeugt. Die Rede ist vom Wolpertinger, der sich aus mehreren Lebewesen der heimischen Wildbahn zusammensetzt: aus Hase, Rehbock, Wildsau, Marder, Hermelin, Dachs, Ente, Fuchs, Fasan, Karpfen, Hecht, Gams, Eichelhäher, Krähe, Eichhörnchen (Oachkatzl), Biber, Huhn, Wildkatze und aus manch anderem Getier, das sonst noch in Bayerns reicher Natur kreucht and fleucht.

Seinen Namen soll der Wolpertinger nach Herzog Wolper I. (83–115 n. Chr.) erhalten haben, dem berühmten Vater des ältesten bayerischen Herrschergeschlechts der Wolpertinger (83–533 n. Chr.).

Der Urwolpertinger kam aus einem „Gschpusi" (Techtelmechtel) zwischen einem Rehbock und einem Hasen zustande. Es entstand der gehörnte Hase. Später nahmen auch zwischen den übrigen bayerischen Tieren die Vermischungstendenzen zu.

Lateinisch heißt der Wolpertinger „Crisensus crisensus" oder auch „Crisensus bavaricus". Als „Crisensus superbavaricus" ist er der oberbayerische Wolpertinger, als „Crisensus subbavaricus" ein niederbayerischer.

Außerdem nennt man ihn auch noch Kreißl oder Kreis. Dieser Name kommt von seinem kürzeren rechten Hinterlauf – seltener ist auch der linke kürzer –, wodurch er sich nur in mehr oder weniger großen Kreisen fortbewegen kann.

Der Wolpertinger ist nicht nur ein Wunderwesen. Etliche körperliche Bestandteile von ihm besitzen sogar Wunderkraft. So ist sein Bauchfett ein urbayerisches Kraftmittel. Es wurde im 16. Jahrhundert von Prof. Dr. Orcasmus Aphrodisiacum entdeckt. Dem, der es genießt, verleiht es (Mannes-)Kraft, es ist aber auch gegen jede andere Art von Schwäche and Kraftlosigkeit mit Erfolg einsetzbar.

Der Wolpertingerspeichel ist hingegen ein erprobtes Haar- und Bartwuchsmittel, das jede Mauser sofort stoppt. Deshalb haben übrigens in Bayern Männer wie Frauen so viele schöne Haare überall am Körper und im Gesicht.

Der Wolpertinger besitzt zwei Duftwarzen, die einen gemein stinkenden Odel enthalten. Ihn spritzt er zur Abwehr auf mögliche Angreifer. Dies weist den Wolpertinger als Verwandten ersten Grades des gemeinen Saubärn (Ursus porcus) aus. Der Odel bewirkt, dass die getroffenen Kleider und Hautstellen sieben Jahre wie die Pest stinken.

Das Lieblingsfressen des Wolpertingers besteht aus norddeutschen Rund- und Weichschädeln und aus frischen Gämseneiern.

Besondere Aversionen hat er gegen Republikaner, Kölsch und Reisegesellschaften, die aus dem Norden regelmäßig den Weißwurstäquator zu überschreiten pflegen. Aufgeregte Wolpertinger können nur durch den Spruch: „Kreis, Kreißl, Kreis, mach jetz bloß koan Scheiß!" beruhigt werden. Auch das Lied „Gott mit Dir, Du Land der Bayern" und das sanfte Schwenken einer weißblauen Bayernfahne wirken beruhigend.

Obwohl es in Bayern nur mehr äußerst wenige Wolpertinger gibt – man spricht von 56 Exemplaren – und er deshalb vom Aussterben bedroht ist, gehört die Teilnahme an einer Wolpertingerjagd zu den erstrebenswertesten Erlebnissen eines jeden Bayern. Voraussetzung dafür ist der Besitz eines gültigen Wolpertinger-Jagdscheins. Die Jagd ist nur nachts bei Vollmond und lediglich 14 bis 16 Tage vor dem nächsten Gewitter erlaubt. Der Besitz eines Gewitterkalenders ist für den Jäger daher unerlässlich.

Wurden früher als Fanggeräte Schlingen aus Holz und sogenannte „Gnackschnapper“, verwendet, in denen sich die Wolpertinger selten rettungslos verfingen, so nimmt man von diesen veralteten Methoden heute Abstand.

Eine Wolpertingerjagd gliedert sich derzeit in vier Teile:

1. Einleitung; 2. Hauptteil; 3. Höhepunkt und 4. Schluss.

Einleitend versuchen Treiber, mit lärmenden Gegenständen den Wolpertinger aufzustöbern, worauf sie sich in immer weiter werdenden Kreisen diskret zurückziehen, um dem wartenden Jäger eine ungestörte Begegnung mit dem Wolpertinger zu ermöglichen.

Im Hauptteil entzündet der Jäger eine Kerze aus Bienenwachs, die er vor einen Kartoffelsack stellt, der durch einen Stecken offen gehalten wird. Vom Geruch des Bienenwachses angelockt und angezogen vom Duft der vormals im Sack aufbewahrten alten Kartoffeln, der diesem unaufhaltsam entströmt, nähert sich der Wolpertinger. Ist er beim Sack angelangt, wird er vom Jäger mit der doppelbeuligen Fangkeule behutsam betäubt und mit dem mitgeführten Fangspaten rasch in den Sack geschoben, der sofort zugebunden wird.

Sollte der Jäger trotz aller Vorsichtsmaßnahmen von einem Wolpertinger gebissen werden, der bekanntlich über einen Giftzahn verfügt, lindern nur Buttermilch und Sauerkraut die Vergiftungs- und Schmerzerscheinungen. Gemeinsam genossen, führen diese beiden in allen bayerischen Haushalten stets vorrätigen Mittel die Gifte aus dem Jägerkörper explosionsartig ab.

Es gehört zum guten Ton, dass erfolglose Jäger alle Treiber und die vielen anderen Helfer und Ratgeber in einem Wirtshaus mit einer zünftigen Brotzeit und Bier freihalten, womit die enttäuschten

Freunde ihre Depressionen „abischwoam“, das heißt hinunterspülen können.

Gefangene Wolpertinger überleben ihre Trauer in Bezug auf ihre Freiheitsberaubung meist nur wenige Tage, bevor sie dann zu Leblosigkeit erstarren. Die fälschlicherweise oft als präparierte oder ausgestopfte Wolpertinger bezeichneten Jagdtrophäen sind also in Wahrheit im Gram erstarrte Wolpertinger. Sie dienen forthin als begehrte Schutzgeister für das bayerische Heim und Haus und zum „Preißndratzn“, das heißt zur seelischen Erschütterung der Norddeutschen.

Da über den Wolpertinger oft haarsträubende Geschichten im Umlauf sind, sollen hier einige besonders erschreckende Fehlinformationen korrigiert werden:

So besteht zum Beispiel große Unklarheit über die Ranzzeit des Wolpertingers. Sie beginnt zaghaft nach Weihnachten zwischen Fasching und Aschermittwoch und erreicht ihren ersten Höhepunkt mit einer intensiv andauernden Ranzerei zwischen der Starkbierzeit, dem 1. April und dem Maibock, nach dem sie ein wenig aufhört.

Auch über die Frage, ob Wolpertingereier ehelich oder unehelich sind, besteht große Uneinigkeit. Grundsätzlich sind Wolpertinger lebendgebärend, aber es gibt auch zahlreiche eierlegende Ausnahmen. Diese sind immer unehelich, wenn die beiden an den Eiern Beteiligten vorher nicht geheiratet haben. Was das Lege- und Brutgeschäft des Wolpertingers betrifft, so ist seine Legalität schwach, aber seine Brutalität dafür umso stärker ausgeprägt.

Auf die Frage, wie viele Junge ein Wolpertingerweibchen wirft und wie weit, erhielt ein Ratsuchender jüngst auf dem internationalen Wolpertingerkongress in Kreuth eindeutige Antwort: „Der Wolpertinger wirft zwei bis drei Junge auf einmal rund einen halben Meter weit.“

Wolpertinger sind auch käuflich zu erwerben. Sie kosten zwischen 120 und 300 Euro. Winzlinge gibt es schon unter 50 Euro. Prachtexemplare kosten bis zu 500 Euro. Lebende sind unbezahlbar.

Der Wolpertinger ist ein urbayerisches Phänomen, noch vor dem Föhn und gleich hinter König Ludwig II. Er ist unausrottbar in der Psyche der Bayern verwurzelt. Es ist deshalb nicht verwunderlich, dass ihm zu Ehren am 21. April ein öffentlicher Feiertag eingerichtet wurde. Er findet mit reichlich Glockengeläut, mit Böllerschüssen, viel Essen, noch mehr Trinken und schweißtreibendem Tanz statt.

Im Biergarten

Wenn's Bier mir in mei Mai neirieslt
und schee staat dann in Hois roo rinnt,
fühl i mi wia a himmlisch Kind,
dem a Engal grad in d'Gurgl bieslt.

Pfiffiger Rat

Ein Optiker in Bad Tölz gab seinem Sohn einmal folgende Anweisung:

„Wenn du einen Kunden hast, der a Brilln probiert und nach am Preis fragt, dann sagst du 200 Euro. Dann wartst ab, und wenn er nicht reklamiert, dann fügst du hinzu: Für die Fassung – die Gläser auch 200 Euro. Dann wartest wieder ab, und sagt er dann noch immer nichts, erklärst du ihm: Für jedes einzelne."

Zur Arbeit ist es nie zu spät

In die legendäre Schwabinger Künstlerkneipe Simplicissimus in der die berühmte Wirtin Kathi Kobus herrschte und zahlreiche, heute längst berühmte Kabarettisten um sich scharte, gehörten neben dem Hausdichter Joachim Ringelnatz, Frank Wedekind, Olaf Gulbranson, Ludwig Thoma auch der Dichter Fred Endrikat, ein Spaßvogel und Lebenskünstler der besonderen Art, der davon, wie schnell doch eine Woche vergeht ein Lied mit dem Titel „Wochenbrevier" zu singen wusste:

Am Montag fängt die Woche an.
Am Montag ruht der brave Mann,
das taten unsre Ahnen schon.
Wir halten streng auf Tradition.

Am Dienstag hält man mit sich Rat.
Man sammelt Mut und Kraft zur Tat.
Bevor man anfängt, eins, zwei, drei,
bums – ist der Dienstag schon vorbei.

Am Mittwoch faßt man den Entschluß:
Bestimmt, es soll, es wird, es muß,
mag kommen, was da kommen mag,
ab morgen früh am Donnerstag.

Am Donnerstag faßt man den Plan:
Von heute ab wird was getan.
Gedacht, getan, getan, gedacht.
Inzwischen ist es wieder Nacht.

Am Freitag geht von alters her,
was man auch anfängt, stets verquer.
Drum ruh dich aus und sei belehrt:
Wer gar nichts tut – macht nichts verkehrt.

Am Samstag ist das Wochen-End,
da wird ganz gründlich ausgepennt.
Heut anzufangen, lohnt sich nicht.
Die Ruhe ist des Bürgers Pflicht.

Am Sonntag möcht‘ man so viel tun.
Am Sonntag muß man leider ruhn.
Zur Arbeit ist es nie zu spät.
O, Kinder, wie die Zeit vergeht.

Von Heuschrecken, Brillen und resignierten Ehemännern

Er war der letzte Hausdichter des alten „Simpl“ und ein Schwabinger Original, dieser Ernst Klotz. „Man muss ihn gesehen und gehört haben, wie er zu später Stunde und nach einem Gläschen Wein seine eigenen Verse hinreißend rezitierte, um dabei zu erfahren, welch hintersinniger und hintergründiger Humor in all seinen Gedichten steckte”, äußerte der Journalist Hannes S. Macher. „Wenn ‚das Klötzchen‘, wie Chansonette Fifi Brix, die viele seiner Werke vertonte, ihn stets liebevoll nannte, in seiner klapperdürren, schier gespenstischen Länge das Podium betrat, sah er immer bleich und kränkelnd aus. Kavaliersmäßig verneigte er sich kurz in den Vorapplaus hinein, strich penibel sein Sakko zurecht, rückte stets etwas weltvergessen seine kreisrunde Brille mit den dicken Gläsern auf ihren angestammten Platz und begann in umwerfend komischer, geradezu pennälerhafter Schüchternheit mit leiser, brüchiger Stimme monoton und leicht sächselnd seine Moritaten und Schauerballaden vorzutragen, in denen es von seltsamen Käuzen nur so wimmelte“, so z.B.

Der Heuschreck

Ein Heuschreck seinen Schreck verlor,
da kam er sich unmöglich vor,
denn dies Gefühl war ihm ganz neu:
kein Heuschreck mehr, nein, nur noch Heu!

Doch hat dies Heu sich instinktiv
den Schreck, der ihm durch’s Rückgrat lief,
gleich hinten wieder angeklebt,
worauf der Heuschreck – weiterlebt!

Die Brille

Sein Antlitz war nur eine Brille
Aus dünnem Glas mit dunklem Rand.
Sie wirkte wie Verstand und Wille,
wo weder Wille noch Verstand.

Doch wenn er durch die Gläser schaute,
gewichtig wie die Kuh vorm „Muh“,
schon dieser Brille wegen traute
man ihm enormes Wissen zu.

Gott hatte ihm kein Amt gegeben,
das hatte die Partei getan.
Nun dankt sein Diplomatenleben
Der Brille seine steile Bahn.

Durch eine Brille durchzuschauen,
ist leicht, nimmt man sie dazu her.
Doch eine Brille zu durchschauen,
ist leider oft im Leben schwer.

Drum nimmt man sie so gern als Mittel
Zum Zweck und tarnt sich mit Geschick.
Moderner Doktorarbeit-Titel:
„Die Brille in der Politik.“

Resignierter Ehemann

Manchmal, wenn ich jetzt ein Mädchen sehe,
Wenn ich höre, wie ein Mädchen lacht,
Fühl’ ich schon in ihrer warmen Nähe:
So hab’ ich mir meine Frau gedacht!

Freilich meine Frau schien auch vor Jahren
Dieses Ideal für mich zu sein,
Erst die Ehe ätzte dann den klaren
Zügen ihres Bildes Risse ein.

Und ich sehe, wie auch andern Ehen
Stets die Zeit die zarten Farben nahm,
Und ich kann auf einmal gut verstehen;
Männer macht nur Sehnsucht polygam!

Und bei polygamen Extratouren
Suchen sie ganz einfach wieder mal,
Wenn sie scheinbar auch nur lustig huren,
Ihr verträumtes altes Ideal.

Und auch mir wird wohl nichts übrig bleiben,
Als doch wenigstens von Zeit zu Zeit
Künftig etwas Ehebruch zu treiben,
Ist ein „Ideal" dazu bereit.

In der Traumstadt

In München gibt es zwar immer nur einen Oberbürgermeister und dazu seinen Vertreter. Aber in Schwabing lebte bis 1965 noch ein ganz besonderer Bürgermeister, der sogenannte „Traumstadtbürgermeister", mit Namen Peter Paul Althaus (1892–1965), der auch ein bezaubernder Dichter war und der das anrührende Gedicht „In der Traumstadt ist ein Lächeln stehn geblieben …" verfasste, das bis heute nicht nur jeder Schwabinger kennt und liebt.

In der Traumstadt ist ein Lächeln stehn geblieben;
niemand weiß, wem es gehört.
Und ein Polizist hat es schon dreimal aufgeschrieben,
weil es den Verkehr, dort wo es stehn geblieben, stört.

Und das Lächeln weiß auch nicht, wem es gegolten;
immer müder lächelnd steht es da,
kaum beachtet, und gescholten
und geschubst und weggedrängt, wenn ja.

Langsam schleicht es sich von hinnen;
doch auf einmal wird es licht verklärt;
und dann geht es ganz nach innen –
und du weißt, wem es gegolten und gehört.

Auf dem Münchner Viktualienmarkt

In München gehört der Viktualienmarkt zu den interessantesten Plätzen, auf dem alle Schmankerl der Welt ausgebreitet und amüsante Gestalten anzutreffen sind. Vor allem die Münchner Standlfrauen sind Originale, die nicht auf den Mund gefallen sind. Wer über den Viktualienmarkt schlendert, der kann so manche heitere Dialoge und Gesprächsfetzen aufschnappen.

Kunde: „Sind das auch wirklich holländische Kartoffeln?"
Standlfrau: „Warum? Wolln S'mit dene redn oder wolln S'as essn?"

Kundin: „Also nein, diesen Hasen möchte ich doch lieber nicht. Da stecken ja noch die Schrotkörner im Leib.“
Standlfrau: „Dann nehmen S’ halt den, der hat si d’ Pulsadern aufgschnittn oder den da, der hat sich tot glacht.“

Kunde: Mei Frau und i feiern in drei Tag unsern Hochzeitstag. Können S’ mir da an b’sondern Wein empfehlen?“
Weinverkäufer: „Ja schon. ’s kommt halt drauf an, ob Sie feiern oder vergessn wolln.“

Zerstreuter Professor am Brotzeitstandl: „Kann ich statt der Kartoffeln auch eine Portion Nudeln haben?“
Bedienung: „Tuat mir leid, aber die san grad ausganga.“
Professor: „So, und wann kommen sie wieder zurück?“

Blumenfrau: „Schöne Tulpen! Ganz frische Nelken! Geht noch was ab, Fraule?“
Kundin: „Ja, ’s Geld!“

Martkfrau: „Mei, die Kundn werdn immer wählerischer. Sie dappan meine Henna von alle Seitn o, und dann kaffan sas doch net.“
Kunde: „Wem sagn S’ des? I hob drei heiratsfähige Töchter dahoam.“

Am Schnapsstandl auf dem Viktuialienmarkt.
Kunde: „I versteh mi net. ’s ganze Geld trag i zu euch daher, anstatt dass i’s auf d’ Sparkass bring. Da hätt i mehr davo.“
Wirt: „Dass di fei net täuscht. Wennst bei mir an Schnaps b’stellst, na kriagst vierzg Prozent. Auf deina Bank gibt’s aber nur zwoa Prozent.“

Bub: „Sie, warum is des Blaukraut eigentlich so blau?“
Standlfrau: „Mei, des is a Weißkraut, des friert.“

Nach dem Kauf von zwei Zwiebeln, einer Zitrone, einem Pfund Tomaten und einer Gurke bittet die Käuferin: „Ach, seien Sie doch so gut und lassen sie die Sachen bitte in meine Wohnung bringen.“
Standlfrau: „Tuat mir leid, gnädige Frau, aber unser Lastwagn is grad mit am Sträußerl Petersilie unterwegs.“

Kunde: „Na, Sie sind hier auf dem Viktualienmarkt wohl schon lange?“
Standlfrau: „Ja freili, der Herr, i bin in dem Menü da aufg’wachsn.“

Kundin: „Parlez-vous Français?“
Martfrau: „Oui, un peu. Aber können Sie auch deutsch?“
Kundin: „Ja, ein wenisch.“
Marktfrau: „Guat, na redn ma heit deutsch. Ich siehg nämlich überhaupts net ei, warum grad i mi oiwei blamiern soll.“

Ein kleines Mädchen führt ihren noch kleineren Bruder, der zum Steinerweichen heult, über den Viktualienmarkt.
Marktfrau: „Wennst net glei staad bist, na friss i di.“
Mädchen: „Den könna Sie net fressn, der hot in d’ Hosn gschissn.“

Kunde: „Ich hätt gern fünf große Forelln. Aber bittschön werfas mas zua, damit i dahoam sagn konn, dass i s’ selba gfanga hob.“

Kundin: „Sind in Ihrer Wurst auch wirklich keine Trichinen?“
Metzger: „Na na, mia haben die Würscht extra an alle zwoa Endn zuabundn, damit koane nei könna.“

Ein junger Mann betastet ausgiebig und prüfend die haarigen Kiwifrüchte.
Standlfrau: „A bissl haarig sans scho, aber Sie wissen ja, wo koane Haar san, is aa koa Freid.“

Kundin, an einer Gans herumgreifend: „Sie, diese Gans ist aber nicht mehr frisch.“
Standlfrau: „Gä gä, bei Eahna hot der Herr Gemahl aa net so lang umeinander griffa, bis er Eahna gnomma hot.“

Auf dem Lebend-Tiermarkt.
Kunde: „Sie, der Has, den ich letzte Woch bei Eahna kafft hab, der is gestern gstorbn.“
Standlmann: „Komisch, des hat er bei mir nia g’macht.“

Am Brotzeitstandl.
Herr: „Bitte rasch eine Käsesemmel, ich muss gleich wieder weg.“
Bedienung: „Na nehman S’ am besten glei die Wurschtsemmel do, die muaß aa weg.“

Standlfrau: „Des is aber nett, der Herr, dass Sie bei mir was kaffa woin.“
Mann: „Wie kommen Sie denn darauf, ich brauche nichts.“
Standlfrau: „So nix? Dann schaun S’ aber, dass von meim Fuaß runta kemma.“

Marktfrau: „Brauch ma was, gnädige Frau? Recht schöne Ganserl hätt ich, nicht zu fett und nicht zu mager.“
Dame: „Aber diese Gänse sind doch ganz blau.“
Marktfrau: „Was is? Na legn S’ eahna bei dera Kältn moi an ganzn Tag nackad da her, dann san S’ aa blau, des derfn S’ glaubn.“

Bim, Bam, Bum

Der berühmte Dichter Christian Morgenstern (1871–1914), ein gebürtiger Münchner, verlebte seine Kindheit nicht nur in der Stadt, sondern auch bei sommerlichen Gebirgsaufenthalten am Ammer-, Staffel- und Kochelsee, wo sich sein Vater, der Maler Carl Ernst Morgenstern, mit Vorliebe der Malerei widmete. In Bayern, dem Land der tausend Kirchen und Kapellen, fühlte sich Christian daheim, wo jeden Tag und an jedem Ort die Glocken schon frühmorgens erklingen und Urlauber aus dem Schlaf hochschrecken lassen, was die Guten aber aushalten müssen, denn dafür dürfen sie sich ja im schönen Bayern aufhalten. Christian Morgenstern widmete allen Glocken in Bayern sein kleines Gedicht „Bim, Bam, Bum“, das alle jene versöhnen soll, die zu Glockentönen ein gestörtes Verhältnis haben.

Ein Glockenton fliegt durch die Nacht,
als hätt er Vogelflügel,
er fliegt in römischer Kirchentracht
wohl über Tal und Hügel.
Er sucht die Glockentönin BIM.
die ihm vorausgeflogen;
d.h. die Sache ist sehr schlimm,
sie hat ihn nämlich betrogen.
„O komm“, so ruft er, „komm, dein BAM
erwartet dich voll Schmerzen.
Komm wieder, BIM, geliebtes Lamm,
dein BAM liebt dich von Herzen!“
Doch BIM, daß ihr’s nur alle wisst,
hat sich dem BUM ergeben;
der ist zwar auch ein guter Christ,
allein das ist es eben.

Der BAM fliegt weiter durch die Nacht
wohl über Wald und Lichtung.
Doch, ach, er fliegt umsonst! Das macht,
er fliegt in falscher Richtung.

Der Araber im Bayerischen Wald

Ein alter Araber lebt seit mehr als 30 Jahren in Viechtach im Bayerischen Wald. Er würde gerne auf seinem kleinen Acker Kartoffeln pflanzen, aber er ist allein und zu alt und schwach, so dass er den Acker nicht mehr pflügen kann. Deshalb schreibt er eine E-Mail an seinen Sohn, der an der Münchner Universität studiert und erklärt ihm das Problem:

„Lieber Ahmed, ich bin sehr traurig, weil ich auf meinem Acker keine Kartoffeln pflanzen kann. Ich bin sicher, wenn du hier wärest, du könntest mir helfen und könntest für mich den Acker umpflügen. Ich liebe dich. Dein Vater."

Am folgenden Tag erhält der alte Mann eine E-Mail: *„Lieber Vater, bitte pflüge keinesfalls den Acker um! Dort habe ich ‚die Sache' versteckt! Du weißt schon. Ich liebe dich auch. Ahmed."*

Am folgenden Morgen um vier Uhr umstellt der Bundesnachrichtendienst und Leute vom Verfassungsschutz das Haus des alten Mannes. Sie durchsuchen alles, wühlen den ganzen Acker um, suchen jeden Millimeter ab, aber finden nichts. Enttäuscht ziehen sie wieder ab.

Am folgenden Tag erhält der alte Mann wieder eine E-Mail von seinem Sohn:

„Lieber Vater, ich vermute, dass der Acker mittlerweile umgepflügt worden ist und du die Kartoffeln jetzt pflanzen kannst. Mehr konnte ich für dich nicht tun. Ich liebe dich. Ahmed."

„Sum, ergo cogito"

„Der Deutsche reflektiert über alles, sieht alles aus der Vogelperspektive und ist darum nie in der Mitte der Sache. Der Deutsche hat alles und ist nichts." Davon, dass die Deutschen mehr denken und reden als tun, war schon der Dichter Hoffmann von Fallersleben (1798–1874) überzeugt. Sein spöttisches Gedicht in Umkehrung des Spruchs „Cogito, ergo sum" („Ich denke, also bin ich") mit dem neuen Titel „Sum, ergo cogito" („Ich bin, also denke ich") schrieb er am 18. Januar 1842. Der Inhalt trifft heute noch genauso zu wie vor fast 300 Jahren.

Laßt uns unseren Geist versenken
in des Wissens tiefstes Meer!
Laßt uns denken, immer denken!
Ei, das ziert den Deutschen sehr.
Und wenn man uns fragt: Wie geht's
sagen wir: Wir denken stets.

Alles denkt bei uns zu Lande
das ist deutsche Sitt' und Brauch;
Ja, man denkt in jedem Stande,
Schuster, Schneider, denken auch.
und wenn sie auch nichts gemacht,
sagen sie: Wir ha'n gedacht.

Denken muß der Deutsche immer,
wo er sitzt und geht und steht,
und er läßt das Denken nimmer,
wenn' s auch noch so schlecht ihm geht;
Und sein Trost, sein Glück und Heil
ist: ich denke mir mein Teil.

„Du Gedankenland auf Erden,
wenn dein Denken wird zur Tat,
Ei, was kann aus Dir noch werden!
Kommt' s nur etwa nicht zu spat,
daß man fragt: Was machtet Ihr?
Und Ihr sagt: Stets dachten wir."

Das Hausnummernschild

Wia die Zeit vergeht und wia mia dabei immer fortschrittlicher wordn san, des kann ma ganz einfach an einem Beispiel erklären. – Ein Bauherr möcht sich von einem Bauarbeiter ein Haus-Nummernschild an seinen Gartenzaun hinnageln lassn.

1950 ist des auf folgende Weise passiert: Da Bauarbeiter is kommen, hat des Schild an den Zaun hingnaglt, hat sie dann für a Flaschn Bier bedankt, die er vom Bauherrn kriagt hat und ist wieder gangen. Ois hat zwoa Minutn dauert.

1970, also zwanzg Jahr später, ist des auf folgende Weise passiert: Da Bauarbeiter is zum Polier gangen. Der hat eahm erlaubt, dass er des Hausnummernschuidl an Zaun hinnagelt. Daraufhin hot der Bauarbeiter ois erledigt, hat dafür a Flaschn Bier kriagt und a Leberkas-Semml. Ois hot a Viertl Stund dauert.

1980, also zehn Jahr später, da geht der Bauarbeiter zum Polier, worauf der Polier zum Bauleiter geht. Der bespricht die ganze Sach mit dem Auftraggeber, also dem Bauherrn bei einem Mittagessen, das natürlich der Bauherr bezahlt. Außerdem werden eahm noch eine Stunde Besprechung sowie eine Schachtel Nägel berechnet. Ois dauert zwei Stunden.

1990 – der Fortschritt schreitet unaufhaltsam weiter – da holt der Bauleiter (nach dem Mittagessen) drei Angebote bei Subunternehmern ein und vergibt den Auftrag dann an den Billigstbieter, schlagt 3% General-Unternehmerzuschlag drauf und schickt dem Bauherrn eine Rechnung + 19% Umsatzsteuer. Ois geht ganz schnell und dauert nur zwoa Wocha.

Im Jahr 2000 informiert der Bauarbeiter den Polier, der anschließend den Bauleiter, der dann zum Firmenchef geht. Der holt fünf Angebote bei Einmann-Gesellschaften ein. Den Zuschlag bekommt der Billigste, verrechnet wird aber der Teuerste plus 7% General-Unternehmerzuschlag. Nach zwei Monaten ist alles erledigt, der Bauherr auch.

Und heutzutage: Fast die gleiche Prozedur wie im Jahre 2000. Dazua kommt aber folgendes: Die Baubehörden erlassen einen Bescheid, in dem ein statischer Nachweis vom Gartenzaun verlangt wird, außerdem die Zustimmung des Architekturbeirates. Parallel dazua läuft eine Umweltverträglichkeitsprüfung an. Der Arbeitsvorgang wird in den Sicherheits- und Gesundheitsschutzplan der Baustelle eingearbeitet. Sicherheitsfachkräfte werden tätig. Der Hammer, mit dem der Nagel eingeschlagn wird, muass CE-zertifiziert sei und der Nagel muass aus einer Liste EU-zugelassener Befestigungsmittel ausgewählt werden. Der Arbeiter wird dann in einem Kurs der Handwerkskammer unterwiesen, wie der Nagel sachgemäß einzubringen ist. Er muss jedoch vorher noch zum Arbeitsmediziner, der seine geistige und körperliche Eignung für die Tätigkeit „Nagel einschlagen" attestiert. Wenn ois guat geht, also die Umweltverträglichkeitsprüfung positiv ausgeht und die Bedenken des Architekturbeirates abgeschmettert werden, dann darf der Nagel eingeschlagn werdn. Ein TÜV-geprüfter Techniker beobachtet mit Argusaugen den ordnungsgemäßen Vorgang und siegelt das Abnahmeprotokoll. Die Nagel-Statik und das Abnahmeprotokoll fließen in die „Unterlage für spätere Arbeiten" ein. Der Generalunternehmerzuschlag wird auf 30% nachjustiert. Die Rechnung von 224,22 Euro kriagt der Bauherr. Ois dauert nicht mehr als zwoa Jahr. – Mia braucha uns also nicht wundern, warum heut an Gartenzäunen kaum noch Hausnummernschuidln zum sehgn san.

Alleskönner

Weil der Bäcker Schneider wird,
springt der Schneider für den Maurer ein,
und der Maurer wird flugs Metzger.
Was soll der Quatsch? Das kann doch nicht sein!

So einfach lässt sich ein Beruf nicht wechseln,
den man erst jahrelang mühsam studiert.
Doch geht in einem Fall das ohne Weiteres,
noch keiner hat sich wegen folgendem geniert:

Der Justizminister wird Finanzminister,
weil man den zum Außenminister ernennt,
und der ehemalige Außenminister wird Umweltminister,
weil der den Kanzler schätzt und bestens kennt.

Und von solchen Experten lassen wir uns regiern.
Doch geht etwas schief, spielen sie
wieder rasch „Wechsle das Bäumchen".
So sind sie fein raus, ohne was zu verliern.

Ja, die sind eben genial!
Sie können alles! Können sie 's wirklich?
Doch irgendwie schon, –
die können uns mal.

Fensterln

Stiegen in alter Zeit die jungen Burschen im Dorf nachts gerne mit Hilfe einer Leiter durch das Kammerfenster zu dem von ihnen verehrten Deandl ein, so ist dieser Brauch heute nur noch selten anzutreffen. Denn heute gehen die Burschen am helllichten Tag schnurstracks durch die Haustür zu ihrer Angebeteten, die durchaus bereits verheiratet sein kann.

Eine Regensburgerin kündigte ihrem Liebhaber auf folgende Weise die An- und Abwesenheit ihres Ehegemahls an: War er daheim, lag ein Schild mit der Aufschrift „Mannheim“ vor der Tür. War der Alte fort, stand auf dem Schild „Erfurt“. Der Ehemann kam seiner Frau jedoch bald auf die Schliche und überraschte die beiden. Er warf den Liebhaber aus dem Haus und schrieb auf das Schild „Schweinfurt“.

Ein paar Fünfzeiler

Schlagfertigkeit ist das,
was du antworten würdest,
wenn du nochmals
gefragt würdest,
nachdem du nachgedacht hast.

Wer behauptet,
Glück könne man nicht kaufen,
der soll mit Kindern
in eine Tierhandlung
mit jungen Hunden gehen.

Am schnellsten bringt man
einen Kranken wieder
auf die Beine, wenn man
einen Sechsjährigen dazu bringt,
ihm regelmäßig vorzulesen.

Nach Ansicht
der älteren Generation
bräuchten viele Jugendliche
dringend
eine Ma-Nieren-Transplantation.

Oktoberfestbesucher:
Eine unendlich
komplizierte Maschine,
um eine Mass Bier
in Urin zu verwandeln.

Frauen-Magazin,
ist ein Publikationsmittel,
das vorne Diäten
und im Schlussteil
Kochrezepte vorstellt.

Unschuld,
eine Sache, die
– einmal verloren –
nie mehr
wiedergefunden wird,

Promi,
ein Starlet, das so tut,
als wäre es dumm,
um zu verbergen,
dass es wirklich dumm ist.

Nachricht in der Oberbayerischen Heimatpost

Auf einem Einödhof in Ampfing in der Nähe von Altötting suchten nach dem Tod der Bäuerin der Einödbauer, 58 Jahre alt, und sein Sohn, 26 Jahre alt, per Zeitungsinserat eine Haushälterin. Sie fanden schließlich ein 24-jähriges bildhübsches Mädchen. Nach neun Monaten wurden Vater und Sohn plötzlich Brüder. Wie war das möglich, fragten sich alle.

Die Antwort ist überraschend: Die Haushälterin war eine derart miserable Köchin, dass Vater und Sohn sich entschlossen, ins Kloster zu gehen.

So-nett

„Du bist so nett.“ Als ich das von dir hörte,
war mir längst klar, ich bin gar nicht so nett.
Ich sagte dir das auch sogleich kokett,
doch ich fand’s schön, dass dich das gar nicht störte.

Neun Jahre später hörte ich von dir:
„So nett wie früher bist du längst nicht mehr.“
Ich lächelte und sagte: „Sieh mal her,
ich war nie nett, du hast das nur geglaubt von mir.

Jetzt siehst du mich, so wie ich bin,
so nett und nicht nett, wie ich immer war.
Neun Jahre dauerte das immerhin.

So nett ist niemand, wie er anfangs scheint.
Ein jeder Mensch ist stets so wunderbar,
wie das ein andrer von ihm eine Zeitlang meint.“

Sechs wundervolle Geburtstagsgeschenke

Beim alten Salfermoser, pensionierter Postbeamter in Petershausen, da sind bei seinem Geburtstag im letzten Jahr Geschenke besonders reichlich eingetroffen. Seine sechs Kinder waren schon lang aus dem Haus und über ganz Deutschland verstreut. Mit dem Besuchen hat’s zwar schon länger nicht mehr geklappt, aber sie haben ihn nicht vergessen, ihren Vater, und alle haben sie ihm zum Geburtstag ein schönes Geschenk geschickt.

Von der Berta, die in Freiburg verheiratet ist und die besonders für die Antike schwärmt, hat er eine Nachbildung der Venus von Milo kriegt. A bißl nackert war's halt, aber sonst wunderschön.

Aus Lüneburg vom Xaverl – na ja, jetzt heißt er Franz, weil Xaverl kann sei Frau nicht sagen, die is ja von da droben – ist ein Familienfoto gekommen, er und sie und die Kinder: der Jens, der Uwe und die kleine Heike in einem schönen Silberrahmen.

s' Roserl war schon immer recht praktisch veranlagt und hat aus Viechtach dem Vata drei paar schöne warme Unterhosen g'schickt, und aus München vom Toni, der so tierlieb ist, ist ein Ölgemälde mit dem Titel „Affenfamilie aus dem Tierpark Hellabrunn" eingetroffen.

Der Jupp aus Köln – na ja, früher hat er noch Beppi geheißen – der hat dem Vata schöne warme Handschuah g'schickt, weil der nächste Winter kommt ja bestimmt. Und am Tag vor dem Geburtstag ist dann auch noch ein Paket vom Peter aus Oldenburg gekommen mit einem Heizkissen, damit es der Vata im Bett schön warm hat.

Der Salfermoser hat sich riesig gefreut und gleich am ersten Tag nach seinem Geburtstag, es war ein Samstag, hat er sich hingesetzt, um sich bei seine sechs Kindern für die wunderschönen Geschenke zu bedanken. Weil er als alter Beamter gelernt hat, dass man schnell, umsichtig und rationell arbeitn muss, hat er erst alle Umschläg g'schriebn, hintereinander weg und gleich die Briefmarkn draufpappt, und dann hat er sich drübergemacht und für jeden a freundliches Dankesbrieferl g'schriebn.

Bevor er aber dazuagekommen ist, die Briaf alle in die Umschläg neizumstecka, is sei Spezl, da Gschwendner Maxl, daherkommen. Der war früha bei da Polizei, ist aber auch schon pensioniert. „Geh weida", hat er gsagt, „des mit deine Briafal da, des kannst du morgen auch noch machn. Jetzt übern Sonntag wird die Post ja net befördert, des müaßast du als alter Postler doch wissen, da reißt sich doch koana an Hax aus. Kumm, geh' ma zum Oberbräu, da lauft heut a zünftiger Schafkopf."

Na ja, da Salfermoser hat des eing'sehn und ist mitgangen. Es ist a recht a lustiger Abend worden, und es war scho a bisserl spät, wia er wieder hoamkommen ist. Er wollt erst gleich ins Bett, aber dann hat er die Briaf und die Umschläg liegen sehn, und weil er noch so aufkratzt war von dem zünftigen Abend, hat er's Radio angmacht, a Musi g'hört, hat noch a Halbe trunga und dabei de Briaferl in die Kuwert neitoa, bloß hat er leider dabei a bisserl was durcheinanderbracht.

So hat die Berta aus Freiburg, die mit dem Antik-Tick, die eahm die Venus von Milo g'chickt g'habt hat, ganz erstaunt g'lesen: „Liebes Kind, vielen Dank für Dein schönes Geburtstagsgeschenk. Ich hab sie gleich mit ins Bett genommen, und sie hat mir die ganze Nacht warm gemacht. Sowas hab ich mir immer schon gewünscht!"

Der Peter in Oldenburg dagegen, der eahm des Heizkissen g'schickt g'habt hat, der hat sich net weniger g'wundert, wiara da g'lesen hat: „Deiner kostbaren Geburtstagsgabe habe ich einen Ehrenplatz im Glaskasten eingeräumt, und sie wird allgemein bestaunt!"

Aber auch das Roserl, das die drei warmen Unterhosen g'schickt hat, is a bisserl blass worden, wia's g'lesen hat: „Ich hab sie gleich angezogen und habe mich heute Abend damit beim Oberbräu gezeigt. Sie sind allgemein bewundert worden, besonders von der neuen Bedienung. Hoffentlich verlier ich sie nicht gleich!"

In Köln, wo die warmen Handschuah her war'n, hat der Jupp genauso verwundert g'lesen: „Da hast du mir wirklich eine große Freude gemacht, und sie passen so gut, auch um den Bauch und um den Hintern herum!"

Aber erst der Toni in München, der das Ölgemälde „Affenfamilie aus dem Tierpark Hellabrunn" g'schickt hat, der hat vielleicht g'schaut, wia er g'lesen hat: „Ihr seid wirklich alle sehr gut getroffen. Das Bild hänge ich mir im Wohnzimmer auf, damit ich eure lieben Gesichter immer vor mir habe."

No ja, und der Franz Xaver in Lüneburg, der das Familienfoto übersandt hat, der hat furchtbar zum fluacha ogfangt. Schreibt eahm da Vata doch glatt: „So ausdrucksvolle Affengesichter habe ich wirklich lang nicht mehr gesehen. Da kann man sich richtig vorstellen, dass der Mensch vom Affen abstammt."

„Da müaß ma doch amoi nach eahm schaugn", ham's gsagt, de sechs Kinder, „es scheint, er wird jetz langsam a bisserl wunderlich, unser Vata."

Der Rettich

Immer wieder wurden dem Dichter Eduard Mörike (1804–1875) von jungen Schreiberlingen Gedichte mit der Bitte um Beurteilung zugesandt. Manchmal war die Lektüre dieses „süßen Zeugs ohne Saft und Kraft" für Mörike eine geistig-seelische Schwerstbelastung. Doch er kannte eine bayerische Leibspeise, nach deren Genuss er sich in einem solchen Fall wieder rasch erholen konnte, wie er dies in seinem Gedicht „Restauration" – „Wiederherstellung" verrät.

Das süße Zeug ohne Saft und Kraft!
Es hat mir all mein Gedärm erschlafft.
Es roch, ich will des Henkers sein,
Wie lauter welke Rosen und Kamilleblümlein.
Mir ward ganz übel, mauserig, dumm,
Ich sah mich schnell nach was Tüchtigem um,
Lief in den Garten hinterm Haus,
Zog einen herzhaften Rettich aus,
Fraß ihn auch auf bis auf den Schwanz,
Da war ich wieder frisch und genesen ganz.

Zuagroaste

Es ist eine irrige Annahme, dass Zuagroaste, also zugereiste Nichtbayern, insbesondere Norddeutsche, von den Einheimischen in Bayern stets ausgegrenzt werden. Im Gegenteil, alle Bayern empfinden im Grunde ihrer Seele mit den Zuagroastn ein inniges Zusammengehörigkeitsgefühl, auch ohne große Worte darüber zu verlieren, wie folgende Geschichte beweist.

Im Münchner Hofbräuhaus sitzen drei Münchner an einem Tisch. Ein Tourist aus dem hohen Norden bittet höflich, Platz nehmen zu dürfen. Da er keine Antwort erhält, lässt er sich schließlich bescheiden auf dem freien Stuhl nieder. Immer wieder versucht er mit den Münchnern in ein freundliches Gespräch zu kommen. Vergeblich. Die drei Einheimischen meditieren wortlos über ihren Maßkrügen.

Nach einiger Zeit erscheint eine Sammlerin vom Roten Kreuz und bittet um eine kleine Spende. Der Norddeutsche gibt sofort sein Scherflein. Die Frau rasselt mit der Büchse nun auch auffordernd in Richtung der drei Münchner: „Und was ist mit euch?“ Da hebt einer von ihnen langsam den Kopf und brummt: „Mir viere g’hörn zamm.“

Kontaktanzeige

In einer Kontaktanzeige vor etwa zwei Wochen
wurden folgende Wünsche ausgesprochen:

„Wo ist auf der Welt der liebe Mann,
der ein Frauchen glücklich machen kann?
Er soll gesprächig sein, weil ich das mag,
stets auf mich schaun Tag für Tag.

Er soll über alles im Bilde sein,
nicht trinken, nicht rauchen, das wäre fein,
und abends grundsätzlich zu Hause bleiben.
Welcher liebe Mann will mir jetzt schreiben?"

Zwei Tage darauf trifft ein Brieflein ein,
die Frau reißt ihn auf und schaut gleich hinein.

„Liebe Dame" liest sie, *„seien Sie gegrüßt,*
ich schreibe Ihnen, weil ich jemand wüßt,
der alle Ihre Wünsche erfüllt.
Er ist gesprächig, über alles im Bild,
schaut immer auf Sie, ist abends zu Haus
trinkt und raucht nie und geht niemals aus
und fort wird er von Ihnen auch niemals laufen.
– Sie sollten sich rasch einen Fernseher kaufen."

Rat eines Berufsschullehrers

Ein Münchner Berufsschullehrer, den ich gut kenne, hat mir einmal erzählt, wie er seinen Schülern klar macht, wie sie sich gegenüber dem Chef benehmen sollen. Dazu erzählt er ihnen dann immer folgende Geschichte.

Ein Azubi, der Vorarbeiter und der Chef einer Firma sind auf dem Weg zu einer Besprechung. Da liegt vor ihnen eine staubige Wunderlampe. Der Azubi hebt sie auf und reibt an der Lampe, um sie vom Staub zu befreien. Sofort erscheint ein Geist, schaut die drei an und ruft: „Ihr habt mich gerufen. Jeder von euch hat nun einen Wunsch frei."

Der Azubi ruft ganz aufgeregt: „Ich zuerst! Ich zuerst!" Und schon äußert er seinen Wunsch: „Ich möchte auf Mallorca Urlaub machen!" Kaum hat er das gesagt, ist er auch schon verschwunden.

„Jetzt bin ich dran!", ruft der Vorarbeiter. „Ich möchte in der Karibik sein und mich dort mit den hübschesten Mädchen der Welt vergnügen." Und pfffffff, schon ist er weg.

„Und Sie?" fragt der Geist jetzt den Chef. „Welchen Wunsch haben Sie!" Der Chef überlegt kurz und sagt dann: „Ich möchte, dass diese zwei Idioten nach dem Mittagessen zurück im Büro sind." – Und die Moral von der Geschichte: Lass Deinen Chef immer zuerst sprechen!

Der Revoluzzer

Die Bayern sehen sich gerne als Revolutionäre, allerdings mit einer ausgeprägten Liebe zu „Ruhe ist die erste Bürgerpflicht" und Gemütlichkeit. Das wusste auch das Enfant terrible der bayerischen Kulturszene Herbert Achternbusch, als er sagte: „In Bayern sind 60 % der Bevölkerung Anarchisten, und die wählen alle die CSU." Ebenso verdeutlichte diese bayerische Mentalität der bekennende Anarchist und Dichter Erich Mühsam (1878–1934) in seinem Lied „Der Revoluzzer", das er der deutschen Sozialdemokratie widmete.

War einmal ein Revoluzzer,
im Zivilstand Lampenputzer;
ging im Revoluzzerschritt
mit den Revoluzzern mit.

Und er schrie: „Ich revolüzze!"
und die Revoluzzermütze

schob er auf das linke Ohr,
kam sich höchst gefährlich vor.

Doch die Revoluzzer schritten
mitten in der Straßen Mitten,
wo er sonsten unverdrutzt
seine Gaslaternen putzt.

Sie vom Boden zu entfernen,
rupfte man die Gaslaternen
aus dem Straßenpflaster aus,
zwecks des Barrikadenbaus.

Aber unser Revoluzzer
schrie: „Ich bin der Lampenputzer
dieses guten Leuchtelichts.
Bitte, bitte, tut ihm nichts!

Wenn wir ihn‘ das Licht ausdrehen,
kann kein Bürger nichts mehr sehen.
Lasst die Lampen stehn, ich bitt,
Denn sonst spiel ich nicht mehr mit!“

Doch die Revoluzzer lachten,
und die Gaslaternen krachten,
und der Lampenputzer schlich
fort und weinte bitterlich.

Dann ist er zu Haus geblieben
und hat dort ein Buch geschrieben:
nämlich, wie man revoluzzt
und dabei doch Lampen putzt.

Wahre Freundschaft

Ein Freund von mir, der macht's mir wirklich nicht leicht, aber Sie wissen ja: wahre Freundschaft hält eben alles aus. Die ganzen Probleme haben eigentlich relativ harmlos angefangen, als mein Freund 55 Jahre alt wordn is. Da hat er sich entschlossen, eine Witwe zu heiraten, die scho a bisserl älter als er war und die bereits eine erwachsene Tochter g'habt hat. 35 Jahr war sie alt.

Das wär ja an und für sich noch kein Problem gewesen. Aber der Vater von meim Freund, der seit a paar Jahr Witwer war, hat sich nun in seine Stieftochter verliebt, – also nicht in seine, sondern natürlich die Stieftochter von meim Freund, und die hat er dann kurze Zeit drauf auch geheiratet.

Damals hat mei Freund blöd gschaut, wia er sich klar darüber wordn is, dass sei Vater jetzt plötzlich sein Schwiegersohn g'wordn is und seine Stieftochter, die der Vater g'heirat hat, jetzt auch seine Schwiegermutter und Stiefmutter worden is, denn sie war ja die Frau von seinem Vater worden. Aber damit habn die Probleme noch kein Ende ghabt.

Einige Zeit später hat nämlich die Frau von meim Freund an Sohn auf d'Woit bracht, der jetz natürlich gleichzeitig der Schwager von seim Vater, also vom Vater von meim Freund worden is, denn dieser Sohn war ja der Bruder seiner Frau – Sie verstehen schon – der Frau vom Vater von meim Freund.

Mein Freund is erschrockn bei dem Gedanken, dass sein Sohn jetzt auch nicht nur sein Sohn, sondern gleichzeitig auch sein Onkel war, denn er war ja der Bruder von seiner Schwiegermutter, also von der Frau seines Vaters, die ja die Tochter seiner eigenen Frau gwesn is.

Bald drauf hat seine Schwiegermutter, also die Frau von seim Vater, die übrigens nicht nur seine Stiefmutter war, sondern zugleich auch seine Stieftochter, ebenfalls an Sohn auf d' Wöit bracht, der dadurch zu seim Bruder worden ist, er war nämlich der Sohn von seim

Vater, gleichzeitig aber auch sein Enkelkind, denn er war ja der Sohn der Tochter von seiner Frau.

Die Frau von meim Freund is dadurch sei Großmutter wordn, denn Sie war ja die Großmutter von seim Bruder. Er ist jetzt also nicht nur der Mann seiner Frau, sondern auch ihr Enkel, denn er ist ja der Bruder vom Sohn ihrer Tochter.

Da aber bekanntlich der Mann der Großmutter Großvater heißt, na ja ... ist mein Freund jetzt also auch sein eigener Großvater, was ihn psychisch sehr belastet.

Aber er hat ja mich, um das alles seelisch zu verarbeiten und er steht auch mir bei der seelischen Verarbeitung der Probleme zur Seite, die ich seither wegen der ganzen G'schicht hab. – Denn eines ist uns trotz all dieser Schicksalsschläge klar: wahre Freundschaft hält eben alles aus.

Die Hymne des Bayerischen Parlaments

Immer, wenn die Abgeordneten des Bayerischen Landtags sich im Maximilianeum zu einer konstituierenden Sitzung zusammenfinden, muss sich ein Bayer geradezu zwanghaft an die „Eröffnungshymne“ des Dichters Ludwig Thoma (1867–1921) erinnern, die dieser vor über 100 Jahren verfasst hat, die aber heute immer noch genauso passt.

Was ist schwärzer als die Kohle?
Als die Tinte? Als der Ruß?
Schwärzer noch als Rab' und Dohle
Und des Negers Vorderfuß?

Sag mir doch, wer dieses kennt! –
– Bayerns neues Parlament.

Und wo sind die dicksten Köpfe?
Dicke Köpfe gibt es viel,
Denken wir nur an Geschöpfe
Wie Rhinozeross' im Nil.
Dick're hat – o Sakrament!
– Bayerns neues Parlament.

Wer ist frömmer als die Taube?
Als die milchgefüllte Kuh?
Als der Kapuzinerglaube
Und das fromme Lamm dazu?
Frömmer ist das Regiment
In dem neuen Parlament.

Und was ist das Allerdümmste?
Schon noch dümmer als wie dumm?
Sagt mir gleich das Allerschlimmste,
Aber ratet nicht herum!
Sag' mir endlich, wer es kennt!
Himmelherrgottsakrament!!

Bayern und Preußen

Der Journalist Victor Auburtin (1870–1928) liebte Bayern und war traurig, dass Preußen wie er in Bayern keine Gegenliebe erfuhren, wie er dies in folgendem Beitrag herzlich beklagt.

„Im Münchner Hauptbahnhof ist ein Zigarrenladen. Vor diesem Zigarrenladen hat sich eine lange Menschenschlange gebildet, die hauptsächlich aus Bayern, aber auch aus mir, einem Preußen, besteht. Der Bayer vor mir trägt einen Rucksack, und da er der Meinung ist, daß es außer ihm keine Menschen in der Welt gibt, so macht er plötzlich eine Drehung und haut mir seinen Rucksack in den Magen.

„Entschuldigen Sie", flüstere ich, einer Ohnmacht nahe.

Aber das hätte ich lieber nicht sagen sollen, denn dem Klang meiner Worte hat der Bayer angehört, daß ich ein Preuße bin. Und nun hält er auf bayerisch eine heftige Rede über das Thema, daß die Münchener sich nächstens auf ihrem eigenen Bahnhof nicht mehr umdrehen können vor lauter Preußen.

Ein großer Kreis bildet sich um uns beide, und es läßt sich nicht verkennen, daß die Menge eine drohende Haltung gegen mich anzunehmen beginnt. Da entweiche ich vorsichtig, um mich selbst vor Tätlichkeiten und das Reich vor einem bayerisch-preußischen Zwischenfall zu bewahren.

Nun, daß die Bayern uns nicht lieben, dieses ist bekannt, und darüber sind keine Worte mehr zu verlieren. Aber die Frage wäre doch einmal auch von der anderen Seite her zu stellen.

Hassen wir Preußen die Bayern? Mitnichten. Machen wir uns über München lustig, wie sie sich über Berlin? Weit gefehlt. Hat jemand bei uns schon einmal von Saubayern gehört? Nicht, daß ich wüßte.

Im Gegenteil, wir Preußen lieben die Bayern, das haben wir so an uns. Gerade die größten norddeutschen Geister siedeln sich in München an, weil ihnen nur dort das Leben einigermaßen erträglich erscheint. Und auch in der Masse ist das so Gebrauch: einmal im Jahre müssen sie nach Bayern reisen, wohin das Herz sie zieht. Vorher verkleiden sie sich als Bayern und lernen die bayerische Mundart, obgleich diese Mundart zu den schwierigsten Idiomen der indogermanischen Sprachenfamilie gehört. Und dann sind sie stolz, wenn sie am Odeonsplatz den Schutzmann (der eine Pickelhaube trägt) fragen können: „I bitt Eahna, wie kumm i nach dera Pinakotheken?"

Bei ihnen das Misstrauen, bei uns die Liebe, die nicht erwidert wird und nicht versiegt. So daß wir Preußen vielleicht doch die besseren Menschen sind, obgleich man es uns von außen allerdings nicht recht ansieht.

Charivari

In Bayern ist das „Charivari" – gesprochen wird es „Schariwari" – ein einzigartiges männliches Statussymbol, das auf die Potenz des Trägers hinweist und als Talisman geschätzt wird. Der Name Charivari kommt aus dem Französischen und bedeutet so viel wie „Lärm", Katzenmusik" oder auch „Durcheinander". Beim Charivari handelt es sich um eine massiv silberne Schmuckkette, an der sogenannte „Berlocken" durcheinander angebracht sind, darunter Silbermünzen, Medaillen und Edelsteine, aber auch Grandeln, also Eckzähne eines Hirschen, Tierpfoten, Dachsbärte und kleine Figürchen aus Silber. Entstanden ist das Charivari vermutlich aus einer Uhrenkette, die am Knopfloch der Trachtenweste befestigt war. An sie hängte man nach und nach diverse kleine Trophäen. Die Männer tragen das Charivari am Hosenlatz der Trachtenlederhose. Uralte Charivaris haben oft einen Wert von 10.000 Euro und mehr. Mancher Bayer identifiziert sich derart mit seinem Charivari, dass er am liebsten selbst einer wäre, um sich der Welt als Sinnbild von Kraft und Potenz zu präsentieren, wie das folgende Lied zum Ausdruck bringt.

Waar i a Charivari,
waar i a bunter Hund.
Scharf wia a Adlerkralln,
wia a Freikugl so rund.

Spitz wia a Marderzipferl,
wuid wia da Zahn vom Fuchs,
flink wia a Hasnpfotn,
scharf wia die Kralln vom Luchs.

Zart wia a Buntspechtfeder,
wia a Bergkristall so hell
Und wia a Wolfszahn bissig,
wia a Wieslpfotn schnell.

Glanzad wia a Silbertaler,
so seltn wia a Edlweiß,
wertvoll wia a Rehbockkrickerl
und wia a Wieslohr so leis.

Waar i a Charivari,
na kunnt ma nix passiern.
I taat a jeds Schpui gwinna
und niamois nia valiern.

Fragen über Fragen

Tagtäglich stellen wir Menschen uns Fragen, auf die wir dann letztlich doch keine Antwort finden. Und oft benötigt man mehr Geist, eine Frage zu stellen als sie zu lösen. Vor Politikern, die auf jede Frage eine Antwort finden, sollte man sich deshalb hüten. Philosophen, so sagt man, stellen sich gerne unlösbare Fragen. Aber die radikalsten Fragen stellen sich immer noch die Kinder. Da bleibt einen manchmal der Mund offen stehen. Oder wissen Sie auf folgende Fragen eine Antwort:

Wenn Schwimmen schlank macht, was machen Blauwale eigentlich falsch?
Wenn Maisöl aus Mais gemacht wird, wie sieht es dann mit Babyöl aus?
Wenn ein Superkleber wirklich überall klebt, warum dann nicht auf der Innenseite der Tube?
Warum ist nie besetzt, wenn man eine falsche Nummer wählt?
Warum muss man für den Besuch beim Hellseher einen Termin haben?
Wenn es heute 0 Grad hat und es morgen doppelt so kalt werden soll, wie kalt wird es morgen?
Warum besteht Zitronenlimonade größtenteils aus künstlichen Zutaten, während in Geschirrspülmittel richtiger Zitronensaft drin ist?
Warum ist „Abkürzung" so ein langes Wort?
Warum gibt es in Flugzeugen Schwimmwesten statt Fallschirme?
Wenn man in einem Fluggerät sitzen würde, das mit Lichtgeschwindigkeit fliegt, was würde passieren, wenn man die Scheinwerfer einschaltet?
Auf den meisten Verbrauchsgütern steht „Hier öffnen". Was würde passieren, wenn dort stehen würde: „Woanders öffnen"?
Wenn die sogenannte „Black Box" eines Flugzeugs unzerstörbar ist, wieso baut man dann nicht das ganze Flugzeug aus einem solchen Material?
Warum ist ein - sil - big dreisilbig?
Fragen über Fragen, auf die man erst gar nicht eine Antwort zu suchen braucht.

Legende

Als Joachim Ringelnatz 1930 von München nach Berlin zog, trat Endrikat seine Nachfolge als „Hausdichter" im „Simplicissimus" an und trat regelmäßig auf dieser beliebten Schwabinger Kleinkunstbühne auf. Bald nannte man den Bänkelpoeten aus Wanne-Eickel mit Joachim Ringelnatz, Karl Valentin, Peter von Osten und Marietta Star in einem Atemzug. Am Starnberger See baute sich Endrikat ein Holzhaus, das er „Kumpelsburg" taufte. Hier empfing er seine „Kumpels", darunter auch Oskar Maria Graf. Die besten Ideen kamen ihm beim Holzhacken, so auch die folgende hübsche „Legende".

An einem Sonntag stieg der Herrgott mal
vom Wendelstein hinab ins Isartal.
Er ging bis Ammerland und sah die sanften Höh'n.
„Potz Tausend," rief er. „Kinder, ist das schön.
Vom weiten Marsch tun mir die Füße weh.
Hier fehlt zum Baden noch ein schöner See."

Der Herrgott rief: „Wohlan, ihr Engelein,
kommt alle her und pinkelt hier hinein."
Die Engel hoben ihre Röcklein in die Höh –
und so entstund der Starnberger See.
Tags drauf sah Petrus drunten all die Pracht,
strich seinen Bart und brummt: „Das hat er fein gemacht."

Baron von Hirsch

Als der alte Baron von Hirsch, ein steinreicher und schwerhöriger Mann, einmal spät heim kommt, hat ihm sein Diener die Tür aufgmacht und ihm aus'm Mantl geholfen. Dabei hat er brummt: „Na, du stocktaube Wuidsau, wieder bei die Weiber gwesen und 's ganze Geld vaschpuit?" Drauf das Baron: „Nein, Johann, in da Stadt gewesn, an Hörapparat gekauft."

Sie macht sich nix aus der Wies'n

Fragt man einen Münchner oder eine Münchnerin, was sie von einem Oktoberfestbesuch halten, winken sie zumeist ab. Auf die Wies'n zu gehen und sich in die Menschenhorden zu stürzen, das sei für jemanden, der die Gemütlichkeit schätzt, doch unmöglich. Nein, von einem Wies'nbesuch solle man besser Abstand nehmen.

Auch in dem folgenden Gespräch, das der Schriftsteller Julius Kreis belauschte, erklärt eine Münchnerin ihrer Nachbarin Frau Zirngibl, dass ein Wies'nbesuch für sie auf keinen Fall in Frage kommt:

I sag's wia 's is, Frau Zirngibl, aus dera Wies'n mach' i mir gar nix. Des is wos für die junga Leut' und überhaupts! Gibst an Haufa Geld aus, und mei Alter, der Alisi, hat nachher an Mordstrumm Schiaber, daß er d' Welt nimmer kennt. Jetzt wenn i 'nausgang, na gehat i nur zweng an Hendl naus. Wissen S', so a Wiesenhendl gibts halt doch wo anders net so und schmeckt aa net so! Des ham mir uns allweil selber rausg'suacht, mei Alisi und i. Denn da san ma doch sachverständig. Für a Wiesenhendl, da gib i ja de halbe Seligkeit her! Kann scho sei, daß mi weg'n so an Hendl amal 'nausreißt, wenn mi grad der Zuafall in de Gegend führt. Und vielleicht an Steckerlfisch dazua. Den iß i aa fürs Leb'n gern. Des kann ma halt dahoam net herstell'n, weil ma net ei'gricht is dafür. No ja und a Fisch, der muaß schwimma! Na sag i aa net naa, wenn mir a G'lusta auf a Wiesenmaß kummt.

Aber sunst gibt mir koa Bude was ab. Höchstens daß i amal weg'n der Gaudi mit der Achterbahn fahr! Mei, was ham mir vorigs Jahr g'schrian, wia's so abi ganga is, aber es war doch a rechte Hetz. Vielleicht daß i mi heuer doch wieder 'nauftrau. Und zur Hellseherin geh i aa nei, wenn oane drauß is. So wahr i dasteh, Frau Zirngibi: Wia i 's letztemal drin war, da hat's bei a'ran Herrn bis auf'n Pfennig genau darat'n, was er im Geldbeutel g'habt hat. Sag'n S', was' mög'n, es gibt halt doch so Sach'n, wo Geister im Spiel san. Und in derselben Bude hat si a Herr ganz lange Messer in Bauch nei g'stocha! I hätt' koan Tropfa Bluat mehr geb'n vor Aufregung, so spannend war des. Wissen S', so was is scho a Zwanzgerl wert. De tätowierte Dame is aa net unint'ressant. Was dera alles 'neibrennt ham! Und wo s' überall ihre Wapperl draufklebt hat. Naa – Frau Zirngibi! Da zeigat i nix mehr her! Sie kann ja nix dafür. Als a ganz kloans Madl ham s' d' Indianer geraubt und ham ihr nach und nach de ganz'n Buidln ‚neitätowiert. Des is a Schmerz für d' Eltern, wenn ma a Kind a so verliern muaß! So Liliputaner schaug i aa gern o und Riesendamen. Da is ja unseroans a Krischperl dageg'n. Da geht ma wieder ganz z'fried'n raus. Sonst liegt mir gar nix an dem ganz'n Oktoberfest dro! Daß i' mir vielleicht no a Kokosnuss kaaf, des kann sei. I selber gang ja überhaupts net 'naus, aber mir kriag'n ja Besuach von drauß rei. Unser Bas'n aus Hachtlfing. Des hat ma halt allweil von der Sommerfrisch, daß ma na de Leut zum Oktoberfest 'reikriagt. Na muaß ma doch anstandshalber a zwoa-, drei-, viermal mit auf d' Wies'n 'nausgeh. O'schaug'n kann ma si na aa net lass'n, na schaugt ma halt alles o, was zum Sehng gibt. Ma ko na aa net so sei. Aber wenn 's nach mir gang, i reiß mi gar net um d' Wies'n! Heut nachmittags geht's o! Da wer i halt do mit mein Alisi 'nausschaug'n – interessehalber.

Philosophie

Der Dichter Klabund (1890–1928) wurde durch seinen 1920 unter dem Titel „Marietta“ erschienenen „Liebesroman aus Schwabing“ bekannt. In dieser Geschichte befasste er sich in ironischer Weise mit dem literarischen München. Nach dem Abitur studierte er ab 1909 in München. Zu seinen Studienfächern gehörten neben Chemie und Pharmazie, Astronomie und Malerei auch Germanistik und Philosophie. Letzterem Fach widmete er das Gedicht „Philosophie“.

Ein Philosoph schlug einen Kreis.
Wer weiß,
Was er damit bedachte.
Und siehe da – wie hingeschnellt
Hat sich ein zweiter zugesellt.
Da war es eine Achte.
So gehts den Philosophen meist,
Daß sie zwei nackte Nullen dreist
Zu einer Acht erheben.
Doch sehn sie das Exempel ein?
Nein!
Wo bliebe sonst ihr Leben?

Hamm

Fritz Müller-Partenkirchen (1875–1942) verfasste viele humorvolle Kurzgeschichten, zu denen auch die folgende mit dem Titel „Hamm“ gehört, in der er zeigt, wie der bayerischen Dialekt immer wieder zu Missverständnissen führen kann.

Es war auf einem norddeutschen Bahnhof. Ein Bayer mit einem schweren Koffer war ausgestiegen und strebte einem andern Zuge zu. Dort verschnaufte er und blickte mißvergnügt auf seinen Koffer. „Wenn ich nur den Malefiz schon droben hätt'!"

Ein engerer Landsmann stieg sofort aus dem Abteil und begann die Ärmel aufzustreifen: „Dös werd'n ma glei' hamm!"

„Hamm?" rief der Schaffner, „dritter Bahnsteig links!"

„Was Hamm? – wie Hamm?" begehrte der Hilfsbereite auf.

„Sie sagten doch soeben, daß Sie nach Hamm –"

„Is mir gar net eing'fall'n – i fahr' nach Köln."

„Warum riefen Sie dann Hamm?"

„I hätt Hamm g'rufen! – Landsmann, hab i Hamm g'sagt?"

„Kei' Idee!"

„I weiß gar net, was dös is: Hamm! So saudumme Namen gibt's überhaupts bei uns net!"

Der Schaffner wurde ärgerlich. Einen Sachsen, der dabeistand, fragte er: „Sie haben's doch gehört, daß er Hamm –"

„Nadierlich!"

Dem Bayern ward's jetzt klar: Verschwörung.

„Ausg'schaamte G'sellschaft!" sagte er, die Arme in die Hüften stemmend.

„Aus–was, aus–was!?" erhitzte sich der Schaffner.

„Ausg'schaamt," wiederholte der Bayer.

„Reeneweg nich zu kabbieren!" sagte der Sachse.

Der mit dem Koffer war inzwischen eingestiegen. Der Zug pfiff. Der and're Bayer zögerte noch.

„Mann, da rin!" sagte der Schaffner.

„Was sag'n S'?" brauste der andere auf, „was hat er g'sagt? Mandarin hat er g'sagt!"

„Einsteigen sollen Sie, habe ich gesagt."

„Net wahr is's – Mandarin hamm S' g'sagt! – wenn S' dös nomal sag'n, mei Lieber –!"

Der Zug zog an. Wütend erklomm der Mandarin das Trittbrett. Wütend, wortlos saß er eine Weile neben seinem Landsmann. „Hamm S' scho' so a Gemeinheit derlebt," schnaufte er ihn endlich an.

Der zuckte mit den Schultern: „Ja mei', in Preißen halt, in Preißen!"

Ich wollte vermitteln: „Es ist ein Mißverständnis, meine Herren –"

Sie sahen mich mißtrauisch an: „Woher san S'?"

„Ich bin ein Münchner."

Ihre Mienen erhellten sich. Sie wurden zutunlich. „Dös müssen S' selber sag'n, Herr Nachbar, solche ausg'stopfte Angorikatzen wie der Konduktär eine is, hamm mir in Bayern net!"

„Sie haben sich gegenseitig mißverstanden – nämlich was die Aussprache anbetrifft –"

Sie nickten gleichzeitig: „Ja, a Sprach hamm s' da heromm, a Sprach –!"

„I taat mi heut no aufhänga mit ara solchenen Sprach," half der and're nach.

„Nun," meinte ich lächelnd, „was das Bayerische betrifft –"

Sofort nahmen sie wieder Fechterstellung ein: „Sie, übers Bayrische wenn S' was sag'n, mei Lieber –!"

„Nun ‚hamm' zum Beispiel –"

„Jetzt fangt der aa mit dem damischen Hamm an!"

„Bitte sehr, angefangen haben Sie!"

„I? mit was?"

„Mit ‚Dös wern ma glei hamm'."

„Da is do nix dabei."

„Hamm is dabei, hamm."

Sie sahen sich an. Sie tippten verstehend auf ihre eignen Stirnen. „Er spinnt halt, er spinnt."

Der Zug hielt. Es war mein Ziel. Ich versuchte es ein letztes Mal: „Das ganze Mißverständnis kommt daher, daß Sie statt ‚haben' fälschlich ‚hamm' –"

„Was fälschlich! – wie fälschlich!“ erhob sich drohend der eine.

Der andere krempelte die Ärmel höher: „Wenn der uns beleidigen will – dös werd'n mir glei' hamm!“

Ich war ausgestiegen. „Und überhaupts, Sie sind ja gar kei' Münchner, Sie Schwindler, Sie!“ schrie mir der eine mit dem höchsten Trumpf nach.

Das war zu viel, ich drehte mich um. „Wos!“ rief ich, „koa Münchner waar i! Ös Haderlumpen, ös miserablige, ös g'selchte Affen, ös Kameller, ös dreidoppelte –!“

Sie strahlten. Sie streiften die Hemdsärmel wieder herab. Sie winkten freudig: „Steig'n S' nur ei', Herr Nachbar – mir verstenga uns – wir g'hör'n scho' z'samm' –“

„Z'samm'?“ lachte ich zurück, „z'samm'? – gern könnts mi' hamm! –“ Freundlich nickend dampften ihre Gesichter aus der Halle.

Pause

Ein Mensch, der eine Stunde schon
Brav im Theater sitzt, erhofft als Lohn,
Sich eine Pause, um sich auszuruhn,
Und um halt alles das zu tun,
Was man in Pausen pflegt zu machen,
Wie etwas trinken und so Sachen,
Sich seine Füße zu vertreten,
Mit anderen ein bisschen reden,
Auch sich Erleichterung zu schaffen,
Zu plaudern oder auch zu paffen,
Kurzum sich etwas zu erholen.
Doch weil die andern das auch wollen,
gibt's im Foyer ein Mordsgedränge,

weshalb der Mensch in dieser Enge
sich durch Menge zwängt und drängt.
Zuletzt fühlt er sich so beengt,
dass er sich liebend gerne hätte
geflüchtet auf die Toilette.
Doch drinnen sieht er ganz entsetzt:
Alle Kabinen sind besetzt.
Er eilt heraus, quetscht sich voll Qual
Zurück in den Theatersaal.
Dort hechtet er mit einem Satz
Erleichtert wieder auf den Platz,
wo er ganz kurz verschnaufen kann,
Schon fängt die zweite Halbzeit an.
Froh sitzt der Mensch. Vor dem Getue
Hat er ein Stündchen wieder Ruhe.
Er lächelt selig, denkt verstohlen:
Na, endlich kann ich mich erholen.

Wer ist dein Freund? Wer ist dein Feind?

Ein jeder Mensch braucht im Leben a paar Freunderl, das weiß doch ein jeder. Aber wer ist wirklich dein Freund? Schon manchesmal hat sich ein sogenannter Freund als Feind entpuppt. Und deshalb muaß man ganz genau hinschaun, ob ein Freund auch wirklich einer ist. Und dazu möcht ich euch a kloane G'schicht erzähln.

Im Winter hat's mal einen grimmigen Frost gegebn. Es is grawottisch kalt gwesn. A kloane Maus ist im Freien g'hockt und hat erbärmlich g'frorn. Weils sie's nimmer ausg'haltn hat, is sie losgrennt, um irgendwo ein warmes Platzal zum finden. Sie is g'rennt und g'rennt und durch die Kältn war sie schon furchtbar geschwächt, und beinah wär sie erfroren.

Zum Glück ist sie endlich zu einem Bauernhof gekommen und da hat sie im Tor vom Kuhstall a kloans Loch g'fundn. Durch des is sie sofort einigschlupft. Drin im Kuahstall is warm g'wesn und die Maus war gottfroh.

Grad wollt sie sich ins Stroh verkriechn, des hinter einer Kuah g'legn is. Doch in dem Augenblick is sie von einem riesigen Fladen von der Kuah begrabn wordn. Aber in dem Fladen war es so bachalwarm, dass die Maus nach und nach wieder zu Kräften gekommen ist.

Nach einer Zeit hat sie ihr Köpfal aus dem Fladen hervorgereckt und sich neugierig umg'schaugt. Das hat eine Katz gsehn und mit einem Satz ist sie zu der Maus hingsprungen, hat's packt und schwuppdich aufgfressn.

Und was lernen mia aus der Gschicht?

Erstens: Nicht jeder, der auf dich sch…, is dei Feind.

Und zweitns: Nicht jeder, der dich aus der Sch… rausziagt, ist dein Freund.

Fußball

Heute ist der FC Bayern mit uneinholbarem Vorsprung Deutschlands größter Fußballclub und Fußball gehört zu Bayern wie die Weißwurst und der Märchenkönig Ludwig II. Irgendwie scheint das schon der Dichter Joachim Ringelnatz geahnt zu haben, der das folgende Gedicht „Fußball" mit dem Untertitel „nebst Abart und Ausartung" verfasst hat. Darin beschreibt er, was Fußballleidenschaft mit einem Menschen so alles anrichten kann.

Der Fußballwahn ist eine Krankheit, aber selten, Gott sei Dank!
Ich kenne wen, der litt akut
an Fußballwahn und Fußballwut.
Sowie er einen Gegenstand
in Kugelform und ähnlich fand,
so trat er zu und stieß mit Kraft
ihn in die bunte Nachbarschaft.
Ob es ein Schwalbennest, ein Tiegel,
ein Käse, Globus oder Igel,
ein Krug, ein Schmuckwerk am Altar,
ein Kegelball, ein Kissen war,
und wem der Gegenstand gehörte,
das war etwas, was ihn nicht störte.
Bald trieb er eine Schweineblase,
bald steife Hüte durch die Straße.
Dann wieder mit geübtem Schwung
stieß er den Fuß in Pferdedung.
Mit Schwamm und Seife trieb er Sport.
Die Lampenkuppel brach sofort.
Das Nachtgeschirr flog zielbewusst
der Tante Berta an die Brust.
Kein Abwehrmittel wollte nützen,
nicht Stacheldraht in Stiefelspitzen,
noch Puffer, außen angebracht.
Er siegte immer, 0 zu 8,
und übte weiter frisch, fromm, frei
mit Totenkopf und Straußenei.
Erschreckt durch seine wilden Stöße,
gab man ihm nie Kartoffelklöße.
Selbst vor dem Podex und den Brüsten
der Frau ergriff ihn ein Gelüsten,
was er jedoch als Mann von Stand

aus Höflichkeit meist überwand.
Dagegen gab ein Schwartenmagen
dem Fleischer Anlass zum Verklagen.
Was beim Gemüsemarkt geschah,
kommt einer Schlacht bei Leipzig nah.
Da schwirrten Äpfel, Apfelsinen
durch Publikum wie wilde Bienen.
Da sah man Blutorangen, Zwetschen
an blassen Wangen sich zerquetschen.
Das Eigelb überzog die Leiber,
ein Fischkorb platzte zwischen Weiber.
Kartoffeln spritzten und Zitronen.
Man duckte sich vor den Melonen.
Dem Krautkopf folgten Kürbisschüsse.
Dann donnerten die Kokosnüsse.
Genug! Als alles dies getan,
griff unser Held zum Größenwahn.
Schon schäkernd mit der U-Boots-Mine,
besann er sich auf die Lawine.
Doch als pompöser Fußballstößer
Fand er die Erde noch viel größer.
Er rang mit mancherlei Problemen.
Zunächst: Wie soll man Anlauf nehmen?
Dann schiffte er von dem Balkon
sich ein in einen Luftballon.
Und blieb von da an in der Luft,
verschollen. Hat sich selbst verpufft. –
Ich warne euch, ihr Brüder Jahns,
vor dem Gebrauch des Fußballwahns!

Karl Valentin und die Fremden

Bekanntlich fand Karl Valentin etliche seiner Ideen für seine Bühnenstücke und Sketche sozusagen auf der Straße und bei Gesprächen mit seiner Partnerin Liesl Karlstadt. Einmal hat er auf dem Münchner Marienplatz die Fremden beobachtet, wie sie dort herumgewuselt sind. Und bei einer solchen Gelegenheit hat der dann die Liesl Karlstadt gefragt: „Du Liesl, hast du dir eigentlich schon einmal überlegt, was so ein Fremder überhaupt ist.“ Die Karlstadt war ratlos: „Ja, wie meinst du jetzt das? Was ist denn so ein Fremder denn schon? Darauf Valentin: „Ja, wahrscheinlich Fleisch – Gemüse – Mehlspeisen – Obst. usw. wie unsereiner halt auch.“ „Du bist vielleicht ein damischer Kerl“, meinte die Karlstadt. „Aber sag einmal, bleibt so ein Fremder, der aus der Fremde in ein fremdes Land kommt, dort dann eigentlich immer ein Fremder?

Darauf Valentin: „Natürlich nein! Ein Fremder bleibt nicht immer ein Fremder, weil fremd ist der Fremde nur in der Fremde und dort fühlt er sich fremd, weil jeder Fremde, der sich fremd fühlt, ein Fremder ist, und zwar solange, bis er sich nicht mehr fremd fühlt – dann ist er kein Fremder mehr.“ – Wenn aber ein Fremder schon lange in der Fremde ist, ist das dann auch ein Fremder?“ bohrte die Karlstadt weiter.

„Nein, das ist natürlich dann ein Nichtmehrfremder; aber es kann diesem Nichtmehrfremden – unbewusst – doch noch einiges fremd sein, so ist zum Beispiel den meisten Münchnern das Hofbräuhaus nicht fremd – hingegen sind ihnen die meisten Museen fremd. Das heißt, dass also der Einheimische in seiner eigenen Vaterstadt zugleich auch ein Fremder sein kann. – Ja, und dann gibt es natürlich auch noch Fremde unter Fremden! Wenn nämlich Fremde mit dem Zug über eine Brücke fahren und ein anderer Eisenbahnzug mit Fremden fährt unter derselben durch, so sind die durchfahrenden Fremden Fremde unter Fremden.

Das Gegenteil von Fremden sind übrigens die Einheimischen. Dem Einheimischen sind die fremdesten Fremden oft nicht fremd, – er kennt zwar die Fremden persönlich nicht, merkt aber sofort, dass es sich um Fremde handelt, und daher sind die Fremden ihm nicht mehr fremd, obwohl sie Fremde sind bzw. es sich um Fremde handelt; zumal, wenn diese Fremden in einem Fremdenomnibus durch die Stadt fahren, auf dem ja draufsteht, dass der Bus Fremde fährt.

Fragt jetzt so ein Fremder in einer fremden Stadt einen Fremden – der auch ein Einheimischer sein könnte, der dem Fremden aber wiederum fremd ist – um irgendetwas, was ihm fremd ist, so sagt der Fremde zu dem Fremden, vorausgesetzt, er ist ein Fremder: ‚Das ist mir leider fremd, ich bin hier nämlich selber fremd.'

Das Gegenteil von fremd ist hingegen bekannt. Wenn ein Fremder einen Bekannten hat, so muss ihm dieser Bekannte zuerst fremd gewesen sein, aber durch das gegenseitige Bekanntwerden sind sich die beiden nicht mehr fremd. Wenn aber diese beiden Bekannten zusammen in eine fremde Stadt reisen, so sind diese zwei Bekannten dort für die Einheimischen wieder Fremde geworden. Sollten sich diese beiden Bekannten hundert Jahre in dieser fremden Stadt aufhalten, so sind sie dort den Einheimischen nicht mehr fremd, dann sind sie Bekannte.

Apropos Bekannte“, sagte Valentin zur Karlstadt. „Einmal da hat ein Bekannter von mir, das heißt, eigentlich kein Bekannter nicht, es war ein Bekannter von einem Bekannten, also schon mehr ein Unbekannter von mir ...“

„So ein Blödsinn!“ unterbrach ihn die Liesl, „ein Unbekannter von Dir! So was gibt es doch gar nicht!“ – „Da täuscht du dich aber“, widersprach Valentin. „Ich kenne mehr Unbekannte als Bekannte. Allein in München kenne ich mindestens tausend Unbekannte!“ – „Red doch keinen Unsinn! Wenn Du sie kennst, dann sind es doch keine Unbekannten mehr.“ – „Doch“, beharrte Valentin, „gerade weil ich weiß, dass ich sie nicht kenne, kenne ich sie als Unbekannte.“ – „Aber“, so fiel ihm die Liesl ins Wort, „man kann doch nur Menschen kennen, die man kennt." – „Das wären", so Valentin, „aber bekannte Bekannte. Ich meine aber Menschen, die man nicht kennt, also Unbekannte, die einem also als Unbekannte bekannt sind."

„O mei, was du nur immer für Fragen hast", stöhnte die Liesl, worauf Valentin meinte: „Ja, grad die Fragen, die kein Mensch beantworten kann, die möcht' ich beantwortet haben. Weißt Du zum Beispiel, ob ein Nichtraucher, der nicht raucht, ein Raucher ist oder ein Nichtraucher? Oder ist es nicht seltsam, wenn man während des Sitzens aufsteht und erst dann gehen will, wenn man sich niedergelegt hat. Und weißt du eigentlich, dass Pfingsten vor Ostern kommt, wenn man den Kalender von hinten liest?

Ja, und einmal, da hab ich mir etwas Wichtiges merken wollen, da hab ich mir gesagt: Ach, das hat gar keinen Wert, wenn ich mir das merken will, denn das vergess' ich ja doch ... Und was meinst Du? Ich hab mir's gemerkt. Und weißt Du, was das war? – Ja, des weiß ich jetzt nimmer."

Ja, so skurril war der Karl Valentin und deshalb hat man ihn zu Gastspielen auch mehrmals bis nauf nach Berlin eingeladen. Als er wieder einmal von so einer Berlintournee nach München zurückgekehrt war, wollte ein Reporter wissen: „Herr Valentin, hatten Sie in Berlin eigentlich Sprachschwierigkeiten?" – „Ich nicht", antwortete Valentin, „aber die Preißn."

Liebesbrief an München

Häufig sind es aus Norddeutschland nach München zugereiste Menschen, die eine ganz besonders innige Liebe zur Stadt an der Isar entwickeln. Sie ist häufig sogar erheblich größer als die der Einheimischen. So widmete nicht nur der in Wurzen bei Leipzig geborene Joachim Ringelnatz, sondern auch der in Dresden geborene Schrifsteller Erich Kästner innige Liebesbriefe an die bayerische Landeshauptstadt. Und auch der im ostpreußischen Nakel an der Netze geborene und im Ruhrgebiet aufgewachsene Kabarettist Fred Endrika (1890–1942) reimte für München den folgenden heißen Liebesbrief:

München, ich habe dich lieb.
Wenn ich nur kurze Zeit von dir fort blieb
sehnte ich mich, wie nach einer geliebten Braut.
Ich schlürfe deinen Odem, wie Weihrauch gemischt mit Sauerkraut.
Ich schwelge in deinen Farben, in deinem Lichtergefunkel.
vom zartesten weiß-blau bis zum schwärzesten Dunkel.
Ich möchte dich umarmen in deinem grünen Kleide,
mit dem Isarband aus flatternder Seide.
So groß ist meine Liebe, daß sie dir deine Eitelkeit
und deine etwas zu niedere Stirn verzeiht.
Ob es wohl Menschen gibt die dich hassen?
Ich möchte mich mit dir sogar kirchlich trauen lassen.
All meine Fruchtbarkeit möchte ich an dich verschwenden,
bis daß ein Dutzend junger Schwabings deinen Lenden
entkeimten. Das ist der ehrlichste Liebesbrief den ich schrieb.
Du bist so herrlich schön, und so saudumm,
und darum
habe ich dich so lieb.

Beim Doktor

Ein bayerischer Doktor muss viel mehr können als jeder andere Arzt in Deutschland. Erst wenn bayerische Patienten zu einem Doktor Vertrauen gefasst haben, erst dann hat sich dieser zu einem bayerischen Doktor gemausert.

Ein Arzt aus Wiesbaden machte in einem bayerischen Dorf seine Praxis auf. Als erster besucht der alte Goribauer seine Sprechstunde. Der Mediziner untersucht ihn gründlich und sagt dann: „Also hören Sie mal, mein Guter, Sie dürfen ab sofort nicht mehr so viel essen, nicht mehr rauchen und nicht mehr saufen."

„I sog dir oans", brummt darauf der Goribauer, „wennst bei uns so anfangst, na kannst glei wieder aufhörn und hi'geh, wos d' herkemma bist."

Erfolg

Etwas Sein,
etwas Schein und
sehr viel Schwein.

Karl Valentins Verkehrsordnungs-Vorschlag für die ratlose Münchner Stadtverwaltung

Im Münchner Stadtrat findet mal wieder eine Stadtratssitzung statt. Es soll eine neue Verkehrsordnung vorgestellt werden. Das Glockenzeichen ertönt und der 1. Stadtrat spricht:

Sehr geehrte Versammlungsteilnehmer!
Widerum haben wir eine ausserordentliche Versammlung einberufen müssen, die über Neuregelungen von Verkehrsordnungen Aufschluss geben soll.
Es gab einmal eine Zeit, in der es nur Fussgänger gab und keine Fahrzeuge, ich denke hier zurück an die Zeit der Erschaffung der Menschheit. Zu dieser Zeit hatte es natürlich die Verkehrspolizei leicht, aber heute, wo Millionen von Verkehrsmitteln, Autos, Strassenbahnen, Radfahrer etc. durch die Strassen der Grosstädte rasen, müssen unbedingt neue Verkehrsordnungen geschaffen werden. Ein ganz neues, aufsehenerregendes System hat nun unser Herr Stadtkämmerer Herr Wstlpnpf ausgedacht. Ich erteile somit Herrn Stadtkämmerer Wstlpnpf das Wort.

Meine Herren Stadträte!
Wenn ich mir heute selbst erlaube, vor Sie hinzutreten, dann tue ich das nicht nur, um zu treten, sondern um Ihnen einmal reinen Wein einzuschenken. Ich bitte diesen Satz nicht sprichwörtlich zu nehmen, denn ich bin kein Weinwirt, sondern ein Wann wird — denn endlich einmal eine richtige Verkehrsregelung getroffen?
Wie soll das in Zukunft werden? So kann es unmöglich weiter gehen!!! Schutzleute tun ihre Pflicht, die Schutzleute dirigieren, die Bevölkerung folgt ihnen nicht, grinsen, spotten, trotzen den Verkehrsordnungen der

Grosstadt. Die Verkehrspolizei will das Beste, aber die Grosstädter bleiben meist Dörfler, macht es der Schutzmann so – gehen sie so – macht es der Schutzmann aber so – gehen sie anders.
Die Autos durchsausen die Strassen, die Radfahrer fahren, wie sie wollen, die Fussgänger gehen mitten auf der Strasse spazieren, kommen zwischen die Wagen, die Sanitätskolonnen haben Hochbetrieb, die Krankenhäuser können die Verwundeten wegen Platzmangel nicht mehr aufnehmen! — Dies alles kann nur anders werden durch meinen Vorschlag, der alle diese Misstände auf einmal aus der Welt schafft.

Mein Vorschlag ist folgender und jeder Irrsinnige wird mir recht geben. Der Verkehr soll folgendermassen eingeteilt werden:

Täglich von 7-8 Uhr Personenautos
von 8 bis 9 Uhr Geschäftsautos
von 9 bis 10 Uhr Strassenbahnen
von 10 bis 11 Uhr Omnibusse
von 11 bis 12 Uhr Feuerwehr
von 12 bis 1 Uhr Radfahrer
von 1 bis 2 Uhr Fussgänger.

Sollte diese stundenweise Einteilung nicht möglich sein, wäre eine andere Lösung möglich und zwar Tagesverkehr:

Der Montag ist nur für die Personenautos
der Dienstag ist nur für die Geschäftsautos
der Mittwoch ist nur für die Strassenbahnen
der Donnerstag ist nur für die Omnibusse
der Freitag ist nur für die Feuerwehr
der Samstag ist nur für die Radfahrer
Die Sonn- und Feiertage nur für die Fussgänger. Auf diese Weise wird nie mehr ein Mensch überfahren werden.

Oder eine weitere Lösung:
Im Januar nur Personenautos
im Februar nur Geschäftsautos
im März nur Strassenbahnen
im April nur Omnibusse
im Mai nur Feuerwehr
im Juni nur Radfahrer
im Juli nur Fussgänger usw.

oder:
1939 nur Personenautos
1940 nur Geschäftsautos
1941 nur Strassenbahnen
1942 nur Omnibusse
1943 nur Feuerwehr
1944 nur Radfahrer
1945 nur Fussgänger usw.

oder:
im 20. Jahrhundert nur Personenautos
im 21. Jahrhundert nur Geschäftsautos …

Jetzt entsteht Unruhe im Stadtrat. Die Anwesenden pfeifen und rufen: „Das ist doch undurchführbar! Alles Unsinn! etc.“, worauf die Sitzung unterbrochen wird.

Ich wünsche denen, die ich liebe, Geld …

Emerenz Meier (1874–1928) gilt neben Lena Christ als bedeutendste bayerische Dichterin. Aufgewachsen im Bayerischen Wald wanderte sie im Alter von 32 Jahren nach Amerika aus und lebte in Chicago im dortigen Deutschen Viertel. Doch der von ihr erhoffte wirtschaftliche Aufschwung stellte sich nicht ein. Sie sympathisierte mit dem Kommunismus und empfand gegen Kapitalismus und Kirche eine wachsende Abneigung. In der Zeit der Prohibition in den USA braute sie in Chicago Bier für ihre Landsleute und den eigenen Bedarf. Das folgende Gedicht mit dem Titel „Geld“ zeigt, was sie davon hielt.

Ich wünsche denen, die ich liebe, Geld
Vor allen andern Gütern dieser Welt.
Denn wer keins hat, dem bleiben auch die andern
stets fern, und mag er sich zu Tode wandern. –
Es hält dir Freunde und Geliebte treu
Und macht dich schaffensfroh und wahr und frei.
Der Schlüssel ist's, ins Leben einzudringen,
Das Seil, sich dran emporzuschwingen.

Die Armut ist ein bodenloser Sumpf,
Wer drein versenkt, er müht sich, bis er stumpf
Ein Wurm nur mehr, kriecht seinen schmalen Steg,
Und kaum ein Schaf springt über ihn hinweg,
Das ihm nicht blökend zu verspüren gäbe,
Welch eine Kraft in seinen Beinen lebe.

Da sagen sie mit tugendspitzem Mund,
Der Reichtum mache niemand glücklich und
Was Gold ist, wird den Weg zur Münze finden. –
Sie mögen doch erst selbst als Wurm sich winden
Und unter Tritten um Erlösung beten,
Bis man wie mich sie vollends totgetreten!

Der „Bayxit" – Traum oder Alptraum?

Sind Sie ein echter Bayer? Dann gehören Sie vielleicht auch zu dem Viertel oder Drittel der Bevölkerung, die sich in Umfragen für eine Loslösung Bayerns von der Bundesrepublik Deutschland und eventuell sogar für einen EU-Austritt aussprechen. Bayern ist damit nicht allein, auch Katalonien, Schottland, Quebec stehen auf der Liste jener Regionen, die sich gegenwärtig Unabhängigkeit wünschen. Aber ist ein sogenannter „Bayxit" wirklich die Erfüllung eines bayerischen Traums oder eher der Beginn eines Alptraums?

Als Gründe für den „Bayxit" werden bekanntlich mehrere genannt. Zum einen haben es die Bayern den Preußen nie so recht verziehen, dass diese 1866 den Bundesfrieden gebrochen haben und nach einem siegreichen Bruderkrieg Österreich aus Deutschland hinausgedrängt und Bayern und die anderen süddeutschen Staaten zu Vasallen gemacht haben. Der Krieg 1866 und die Reichsgründung fünf Jahre später, wieder durch einen von Preußen angezettelten Krieg, ist für manche bis heute der Grund allen Übels.

Zum anderen finanziert Bayern ähnlich wie Katalonien seit Jahrzehnten die Misswirtschaft anderer – meist SPD-geführter – Bundesländer. Dass von dem erwirtschafteten Geld zu wenig im Freistaat bleibt, ist ein weiteres Hauptargument der Separatisten. Von den Einnahmen der bayerischen Finanzämter fließe jährlich mehr als die Hälfte ab. Allein beim Länderfinanzausgleich 2016 habe Bayern beispielsweise mit 5,8 Milliarden Euro knapp 55 Prozent der insgesamt 10,6 Milliarden Euro an andere Bundesländer bezahlt. Ein Irrtum ist es allerdings, dass ein Finanzminister eines unabhängigen Bayern nach Wegfall der Ausgleichszahlungen plötzlich fast sechs Milliarden mehr in der Staatskasse hätte. Erhält der Freistaat Bayern bisher Jahr für Jahr finanzielle Unterstützung von der Bundesrepublik Deutschland, so für den Straßenbau, die Agrar- und Landwirtschaft, so würden diese Millionen an Fördergelder und Subventionen natürlich nach einem „Bayxit" wegfallen.

Zum Dritten ist auch die Pflege der eigenen, immer mehr verkommenden bayerischen Sprache, Kultur und Tradition ein Grund für die Sehnsucht nach dem „Bayxit". Das „Mia san mia" läge den Bayern schon lange in den Genen und ebenso die Überzeugung „Wer ko, der ko". Deshalb müsse die Bezeichnung „Freistaat" nun endlich umgesetzt werden, indem Bayern sich von den übrigen deutschen Ländern befreit und ein selbstständiger „Freier Staat" wird.

Aber wäre ein „Bayxit" wirklich möglich und vielleicht auch noch sinnvoll?

Damit alles legal abliefe, müsste zuallererst die Verfassung der Bundesrepublik Deutschland geändert werden. Das deutsche Grundgesetz sieht nämlich kein Austrittsrecht eines seiner Mitgliedsländer vor. Man müsste es also dahingehend ändern, dass unter bestimmten Voraussetzungen ein Austritt doch möglich ist.

Was Bayerns Bevölkerungszahl betrifft, könnte sich damit schon ein eigener Staat gründen. Im europaweiten Vergleich nähme ein unabhängiges Bayern mit rund 12,8 Millionen Einwohnern in Punkto Bevölkerung einen immerhin stolzen neunten Platz ein und stünde damit unmittelbar hinter den Niederlanden (17 Millionen), aber vor Belgien (11,3), Griechenland (11,3) und Österreich (8,8). Selbst das mächtige Schottland, das auch immer wieder nach Eigenständigkeit strebt, hat mit 5,4 Millionen kaum halb so viele Einwohner wie Bayern. Richtig groß ist Bayern aber nur, wenn auch die Franken bei der Stange bleiben. Andernfalls würden plötzlich 4,1 Millionen Einwohner fehlen und nur mehr 8,7 Millionen bayerische Einwohner vorhanden sein, was in etwa der Einwohnerzahl Österreichs entspräche.

Als flächengrößtes und nach Nordrhein-Westfalen bevölkerungsreichstes Bundesland ist der Freistaat außerdem größer als die meisten europäischen Länder. Auch wenn das unabhängige Bayern kleiner als Österreich ist, so ist es doch deutlich größer als etwa die Schweiz oder Togo. Die Fläche der Bundesrepublik wäre ohne Bayern allerdings knapp 20 Prozent kleiner, da von den 357.376 Quadratkilometern Neu-Deutschland immerhin 70.550 Quadratkilometer fehlen würden.

Und wie sieht es nach einem „Bayxit" mit Bayerns Regierung aus? Wird in Erinnerung an den Märchenkönig Ludwig II. womöglich die Rückkehr zur Monarchie angestrebt? In diesem Fall gäbe es immerhin schon eine bestehende Erbfolge. Herzog Franz von Bayern, seit 1996 Oberhaupt des Hauses Wittelsbach, der früheren Herrscherfamilie des Königreichs Bayern, hätte dann wohl Anspruch auf den Thron. Oder sollte der Bayerische Ministerpräsident mit dem Königsamt betraut werden? Am Beispiel der Queen könne man sehen, wie alt ein König werden kann. Dies sei in einer Gerontokratie – „Herrschaft der Alten" – von zunehmender Bedeutung.

Ein „Bayxit" würde übrigens zunächst auch einen Austritt aus der EU nach sich ziehen. Anschließend könnte Bayern aber eine Mitgliedschaft beantragen. Der Aufnahmeprozess, bei dem alle EU-Mitgliedsländer zustimmen müssten, würde allerdings bei dem üblichen Arbeitstempo der EU sicher mehrere Jahre dauern. Da es ohne EU auch keine Euro gibt, müsste Bayern in dieser Zeit eine eigene stabile Währung schaffen. Ob das dann eine Bayerische Mark mit dem Konterfei von Franz-Josef Strauß auf Münzen und von Schloss Neuschwanstein auf den Scheinen ist, weiß niemand so genau und auch nicht, wie dann der Wechselkurs zum Euro wäre. Oder entsteht gar eine virtuelle Währung nach dem Beispiel der Bitcoins mit dem Namen „Baycoins"? Die Programmierung dafür, so Spötter, sei ja bereits angeblich in Arbeit.

Bei einem „Bayxit" stünde Bayern natürlich auch die Bundeswehr mit derzeit 182.055 aktiven Soldatinnen und Soldaten nicht mehr zur Verfügung. Die bayerische Armee wäre im Vergleich dazu erheblich kleiner, da sie derzeit aus nur 12.000 Mann Gebirgsschützen besteht, die in 47 Kompanien zusammengefasst sind. Ob diese freiwillige Truppe, zu deren Ehrenmitgliedern auch Edmund Stoiber und der Ex-Papst Benedikt gehören, zur Landesverteidigung ausreicht, müsste erst noch geprüft werden. Weil viele der Gebirgsschützen schon ein bisserl älter sind, sollte das bayerische Verteidigungsministerium allerdings einiges berücksichtigen, wie die Süddeutsche Zeitung rät. Dazu gehören XXL-Fallschirme für Bandscheibengeschädigte, extra laute Mobiltelefone für Schwerhörige, Tagsichtgeräte für extrem Kurzsichtige und Gelände-Rollatoren für Gehbehinderte. Außerdem müsste im Hinblick auf die betagte bayerische Streitmacht im Ernstfall für barrierefreie Gefechtsfelder gesorgt werden. Auch die Standardbewaffnung der Armee ist geradezu entwaffnend, da sie aus altbewährten 98er Mauser-Karabinern, robusten Vorderladern und Böllerkanonen verschiedenen Kalibers besteht, aber mit der maroden Ausrüstung der Bundeswehr durchaus konkurrieren kann.

Die bayerische Wirtschaftskraft ist enorm. Mit einem Bruttoinlandsprodukt von 568 Milliarden Euro lag Bayern 2016 an siebter Stelle aller EU-Staaten und ungefähr auf Augenhöhe mit Argentinien – immerhin einem G-20-Mitglied. Das sollte für einen selbstständigen Staat durchaus reichen.

Mit 624 Brauereien gibt es in Bayern fast ebenso viele wie im gesamten restlichen Deutschland zusammen, das 784 Brauereien zählt. Mit fast 12 Millionen Hektolitern Bier übertrifft Bayern alle anderen Bundesländer bei weitem und Bayerns Bierexport flutscht wie bei den Ölförderstaaten das Rohöl.

In Bayern gibt es erfreulicherweise auch die meisten Rindviecher. Fast jede dritte deutsche Milchkuh ist eine bayerische. Ihnen verdankt das Land eine außerordentliche Milchproduktion von mehr als sieben Millionen Tonnen im Jahr, ganz zu schweigen von dem Käse-Berg. Den meisten Käse in Deutschland produzieren nämlich die Bayern, genau gesagt 400 verschiedene Käsesorten mit einzigartigem Aroma, gegen die national und international kaum anzustinken ist. Deshalb soll im künftigen bayerischen Staatswappen auch der Löwe unbedingt durch die Kuh abgelöst werden.

Der Bayerische Fußball mit dem legendären „FC Bayern München" und dem kuriosen „TSV 1860 München" ist weltweit berühmt. Der „FC Bayern München" müsste sich jedoch mit der Deutschen Fußballliga um eine Sondervereinbarung bemühen, damit er weiter in der Bundesliga spielen darf. Das ist nicht einfach, aber durchaus machbar. Der TSV 1860 München hätte es da natürlich schon etwas einfacher, da er mittlerweile ohnehin in einer rein bayerischen Liga spielt. Auch im Wintersport ist

Bayern gegenüber dem Wintersport-Zwerg Restdeutschland absolut unschlagbar. Bei Olympischen Winterspielen kommen bekanntlich die Goldmedaillen-Gewinner hauptsächlich aus Bayern.

Was würde Deutschland sonst noch verlieren, sollte sich Bayern abspalten? Ohne Bayern gäbe es in Deutschland nur mehr 163 Golfplätze, zwei Elite-Unis, 2,7 Millionen Rentner, 24 Musikfestivals und das größte Volksfest Deutschlands wäre plötzlich die Düsseldorfer Kirmes und nicht mehr mehr das Oktoberfest.

Die „Bayxit" Befürworter, darunter die Bayernpartei, argumentieren seit Jahren für einen „Bayxit" mit dem Selbstbestimmungsrecht der Völker und einer im Grundgesetz vorgesehenen Neugliederung der Länder. Das Bundesverfassungsgericht sieht das jedoch anders. Im Dezember 2016 erhielten die Unabhängigkeitsbestrebungen der Bayern einen herben Dämpfer. Da untersagte das Verfassungsgericht eine Volksabstimmung zur Abspaltung Bayerns von Deutschland, bei der die Bayern allein über ihre Unabhängigkeit entscheiden. Eine bundesweite Volksabstimmung wäre allerdings grundrechtskonform. Doch die anderen, vor allem ärmeren Bundesländer wie Bremen oder Berlin würden bei einer solchen Abstimmung dem „Bayxit" kaum zustimmen, weil sie mit Bayern den größten Ausgleichszahler verlieren würden.

Resümee: Blickt man auf die „Brexit"-Tragödie in England, würde auch ein „Bayxit" auf ein völkerrechtliches, juristisches und wirschaftliches Harakiri hinauslaufen. Abwandernde Firmen und Banken, eine schwächelnde Wirtschaft und immense Kosten für den Aufbau einer eigenen Verwaltung verheißen nach dem „Bayxit" jedenfalls kaum eine rosige Zukunft für den neuen Staat Bayern. Das meinte auch der gebürtige Niederbayer Richard Loibl, Chef vom Haus der Bayerischen Geschichte, als er in einem tz-Interview auf gut bayerisch sagte: „Unser Föderalismus war und is a Erfolgsmodell, bringt aa an Hauffn Diridari ei. Desweng kemman a an Hauffa Preissn. Des war ned imma guad. Segt ma dro, dass Es mei boarisch Gred eideitschn miassts. Wemma megn, kimma unsane boarische Kultur aa in da Bundesrepublik und da EU pfleng. Dann doama hoid bloß aso wie wemma selbstständig waarn." Loibls Worte zu übersetzen verbietet der bayerische Sturschädl.

In fünfzig Jahren ist alles vorbei

Von dem berühmten Komiker und Coupletsänger Otto Reutter (1870–1931) schwärmte kein geringerer als Karl Valentin: „Den mog i, des is a ganz a Großer!“ Er bezeichnete Reutter in einem Brief als „unverwischlich in der teitschen Geschichte und Heimatkunde“. Einmal sah Valentin bei einem Aufenthalt in Bad Kissingen Otto Reutter vom Bahnhof kommen. Der ließ seine Hand herabhängen und es sah so aus, als ob er einen unsichtbaren Koffer trug. Da schlich sich Valentin von hinten an Reutter heran und hängte ihm seinen eigenen Koffer in die halb geschlossene Hand. Doch Reutter erschrak nicht, sondern ging, ohne aufzusehen, mit dem Koffer in der Hand einfach weiter. Das imponierte Valentin und er meinte: „Da war mir dieser Kerl einfach überlegen.“

Zu den bekanntesten und heute noch immer aktuellen Vorträgen Reutters zählt sein 17-strophiges Couplet „In fünfzig Jahren ist alles vorbei“, aus dem hier einige Strophen zitiert seien.

Denk‘ stets, wenn etwas dir nicht gefällt:
„Es währt nichts ewig auf dieser Welt.“
Der kleinste Ärger, die größte Qual
Sind nicht von Dauer, sie enden mal.
Drum sei dein Trost, was immer es sei:
„In fünfzig Jahren ist alles vorbei.“

Und ist alles teuer, dann murre nicht
Und holt man die Steuer, dann knurre nicht.
Mißlingt dir auch alles, dann klage nicht
Und kriegst du den Dalles, verzage nicht –
Denn der, der nichts hat, ist glücklich und frei
Und in fünfzig Jahren ist alles vorbei.

Und ist auch ein andrer klüger als du,
dann sei nicht dämlich – und lach‘ dazu.
Was nützt sein Wissen – stirbt der vorher,
bist du am nächsten Tag klüger als der.
Wer da weiß, daß er nichts weiß, weiß vielerlei –
und in fünfzig Jahren ist alles vorbei.

Und geht zu ’nem andern dein Mägdelein,
Dann schick’ ihr noch’s Reisegeld hinterdrein.
Und bist du traurig, denk’ in der Pein:
„Wie traurig wird bald der andere sein.“
Dem macht sie’s wie dir – die bleibt nicht treu
und in fünfzig Jahren ist alles vorbei.

Und fährst im Auto nach Haus du spät –
im besten Anzug – da streikt’s und steht, –
du suchst im Schweiß deines Angesichts,
was los ist, – kriechst d’runter – und findest nichts,
stehst ratlos, verschmiert, die Hose entzwei, –
In fünfzig Jahren ist alles vorbei.

Und führst ’nen Prozeß du – ertrag’ die Qual
und hörst du ’ne Oper, sie endet mal –
und hast du Magenweh und musst raus
und da ist schon jemand, dann harre aus.
Wie lang es auch dauert, der Platz wird frei –
In fünfzig Jahren ist alles vorbei.

Und bist du ein Eh’mann und kommst nach Haus
halb drei in der Nacht – und sie schimpft dich aus,
Dann schmeiß dich ins Bette und sag „Verzeih,
Wär’ ich zu Hause geblieben, wär’s auch halb drei.“
Und kehr’ den Rücken und denk’: „Nu schrei!“
In fünfzig Jahren ist alles vorbei.

Und liest du ’ne Zeitung, dann schau nicht hin,
Es steht ja doch bloß was Schlechtes drin.
Und schafft dir die Politik Verdruß,
Es kommt ja doch alles, wie’s kommen muß,
Heut‘ haben wir die, morgen jene Partei
und in fünfzig Jahren ist alles vorbei.

Und fürchte Dich nie, ist der Tod auch nah,
Je mehr du ihn fürcht’st, um so eh’r ist er da.
Vorm Tode sich fürchten, hat keinen Zweck.
Man erlebt ihn ja nicht, – wenn er kommt, ist man weg –
Und schließlich kommen wir all an die Reih’
In fünfzig Jahren ist alles vorbei.

Drum: Hast du noch Wein, dann trink’ ihn aus
Und hast Du ein Mädel, dann bring’s nach Haus
Und freu’ Dich hier unten beim Erdenlicht.
Wie’s unten ist, weißt du – wie oben nicht.
Nur einmal blüht im Jahre der Mai
In fünfzig Jahren ist alles vorbei –

Du Rindvieh, dann ist es vorbei!